今こそ読みたいガルブレイス

根井雅弘
Nei Masahiro

インターナショナル新書 066

目次

第4章 「公共国家」は実現しうるか

序章　ガルブレイスはなぜあれほど人気があったのか

1970年代、『不確実性の時代』がベストセラーに

私は、四半世紀ほど前、『ガルブレイス　制度的真実への挑戦』(丸善ライブラリー、1995年)という小さな本を書いた。その本は、それほど売れたわけではなかったが、新聞や雑誌などの書評欄によく取り上げられ、学界での評価も悪くなかった。とくに、アメリカの経済思想を研究する人たちがしばしば参考文献に挙げてくれたおかげで、ガルブレイス研究の基本文献の一つになった。しかも、数年前、白水社から『ガルブレイス　異端派経済学者の肖像』と改題して復刊され、新しい読者を得るようになったのは、著者としてこれ以上の喜びはなかったといってよい。

そういうわけで、私は、さらにガルブレイスについての一書を書くように依頼されるとは全く予想していなかった。ところが、季刊雑誌『ｋｏｔｏｂａ』(集英社)に機会あって、経済学の古典についての一文を寄稿したところ、その編集部から、さらに私のガルブレイス論が読みたいという意見が多かったという話を聞いて、内心驚いてしまった。編集部は、いったい、ガルブレイスのどこが気に入ったのだろうか、と。

私は、一般の読者のあいだで、近い将来も古典として読み継がれていくのは、彼の『ゆたかな社会』(初版は1958年)に間違いないと考えて、その趣旨の文章を書いていた。

ということは、すでに出版から60年以上も経過している本がさらに数十年も読み継がれるということだから、『ゆたかな社会』が正真正銘の「古典」になるということである。編集部は、おそらく、21世紀になっても読み継がれるガルブレイスの『ゆたかな社会』に注目して、彼の思想の現代的意義について書いてほしいということではないか。編集部にそのように尋ねてみたところ、まさに私の読みは当たっていた。だが、『ゆたかな社会』だけでガルブレイスを理解するのは無理を伴うので、その本を中心にしながらも、他の著作にも目配りしながら、「21世紀に生きるガルブレイス」のような視点で1冊書いてみようと思った。

それにしても、ガルブレイスの本は、日本でよく読まれた。私がリアルタイムで記憶にあるのは、『不確実性の時代』（初版は1977年）の日本語版（都留重人監訳、TBSブリタニカ、1978年）が、できたばかりの八重洲ブックセンターでベストセラーになっていたことである。この本は、BBC放送で放映されたテレビ番組がもとになっていたが、内容はガルブレイス流の経済思想史入門で、ベストセラーになるようなものではなかったはずだった。だが、まだアメリカと旧ソ連のあいだの冷戦が続いていた頃で、最後のほうで核戦争の脅威に触れていた件は、いまでもよく覚えている。

しかも、英語のUncertaintyは、経済学の専門用語としては「不確実性」という訳語が定着していたものの、ガルブレイスのように思想史や歴史全般に対して「不確実性」と銘打った本はあまりなかったように思う。その題名が時代の雰囲気とマッチして売れたとしか考えようがない。日本についていえば、当時（私の記憶が誤っていなければ）お茶の間で人気のあったテレビ番組「時事放談」（1957〜87年、TBS系）で、政治評論家の細川隆元がその本を褒めていたことも多少は売り上げに貢献したはずだ。40年以上も前のこと、青二才だった私もあの番組をときに観ていたが、出演者がいまなら「放言」ではすまないほど過激な表現を口に出していたのをよく覚えている。八重洲ブックセンターで『不確実性の時代』がたくさん並んでいるのを見たとき、あの細川氏が褒めていた本かと思わず手に取ったものだ。

ガルブレイスは、日本で『不確実性の時代』がベストセラーになったことをとても喜んでいた。『回想録』の日本語版（松田銑訳、ガルブレイス著作集9、TBSブリタニカ、1983年）には、こんな文章が登場する。「日本では五〇万部をやや上回った。私は日本人の読書の趣味のよさに絶賛を捧げた。一九七八年の秋、私たち夫婦は、私の本の出版社の賓客として東京へ行ったが、客が収益性のある資産である場合、主人側のねんごろな待遇がここまでに至りうるとは、私のかつて思い及ばぬところであった」と(同書、554ページ)。

ガルブレイスが晩年、気にかけていた日本の自信喪失

ガルブレイスは100歳近くまで(正確には、1908年10月15日から2006年4月29日まで)長生きしたので、現代史で触れるような事件はほとんどリアルタイムに経験してきたといってよいが、日本が好きだった彼にとって晩年とくに気がかりだったのは、バブル崩壊後の日本が20世紀末から21世紀にかけて長期停滞し、日本人がすっかり自信を喪失してしまったように見えたことだった。機をみるに敏な日本のメディアは、こういう機会を逃さないものだが、案の定、彼の晩年にはとくに日本の読者のために編集された本がいくつか出版された。それらの本に含まれている日本人へのメッセージのなかから、私が気に留めたものを紹介しながら、現在でもガルブレイスを読む意義があることを示唆して序章に代えることにしたい。

そのうちの一冊は、『おもいやりの経済』(福島範昌訳、たちばな出版、1999年)と題して出版されたものである(The Economics of Compassion とカバーにあるが、私が見落としたのか、このような本を洋書の新刊案内でみたことはなかった)。だが、その内容が日本

の読者向けであることは間違いない。

第一　バブル崩壊後の不況に喘いでいる最中、日本の論壇では、近い将来に迫りくる少子高齢化を憂えて悲観主義的な論調が増えつつあった。だが、ガルブレイスは、少子高齢化など恐れるに足りないと日本人に向けて断言するように諭した。彼によれば、人口が高齢化したのは、日本の医療サービスが飛躍的に向上したからであり、世界一の高齢化社会になったのはむしろ世界に誇るべきである。人口構成比率が変化したのも、決して悪いことばかりではなく、多くなった老齢人口に応じた新しい労働形態を考案し、高齢者は「不必要に心配せず、リラックスして、もっと成熟した社会への移行を楽しんで欲しい」という（同書、31ページ）。

第二　若者への教育はきわめて重要なのだが、日本人は規律を重んじるあまり創造性を犠牲にしているので、もっと自由度を与えるべきである。教育予算を削ったり、ビジネスの必要性に即応した教育のみを偏重したりする愚は避けなければならない。「効率や生産性を追求するあまり、教育のもっと本質的な目的を忘れてはならないということである。科学、文学、音楽、芸術などといった人生のあらゆる面の楽しみ方は、教育を通じてでしか学ぶことができないのだ。世界中の言語や多様性、異質なものを楽しむためのきっかけを与えてくれるのも、教育なのである」と（同書、34〜35ページ）。

第三　グローバリゼーションは、インターネットが普及するよりはるか前から始まっており、それを必要以上に恐れる必要はない。日本企業で働く人たちは、すでに世界を相手にした経済取引に十分習熟しており、日本人には「グローバル・シチズン」（世界市民）としての自覚をもって世界に開かれた文化を育成してほしい。もちろん、ガルブレイスも、グローバリゼーションが、一時的とはいえ、一部の人々に不利益を与える可能性を決して否定してはいない。しかし、だからといって、国を閉ざす排他主義や保護主義に訴えるべきではないと考えている。アメリカのトランプ共和党政権下で起きたこと（メキシコとの国境を閉ざす壁の建設提案や保護関税による中国との貿易摩擦の激化など）をみていると、この辺の件は引用しておく価値がある。

「アメリカをはじめとして、日本やアジア、そして他の国々にも、グローバル化の影響を恐れて新しい障壁を築いたり、古い障壁を維持しようとする人たちが存在する。民族主義といった、偏狭で排他的な思想にかぶれている人たちは、他からの影響に対して誇大妄想を抱くものである。

このように、心の狭い人がいるからこそ、私たちはグローバリゼーションを推進し、障壁をなくす必要があるのだ。グローバリゼーションによって困る人も多少現れる可能性はあるが、大多数の人にとっては、災いよりも恵みとなるほうが大きいのである。戦争の回避、地球環境の保護、効率の良い、それでいて適度に公平な経済システムの建設といった課題は、グローバル・コミュニティの市民としてのハートと頭脳がなければ、実現は不可能である。」（同書、56〜57ページ）

もう一冊、ガルブレイスの日本向けの本としては、『日本経済への最後の警告』（角間隆訳、徳間書店、2002年）がある。これも本のカバーには英文タイトルが刻まれているが（The Last Warning to the Japanese Economy）、私は寡聞にして洋書の新刊案内に出たことを知らない。おそらくは、日本向けに書かれたか喋ったものを日本で編集・翻訳したのだろう。だが、21世紀に入ったばかりの時期の「遺言」としては、それなりの価値はあると思う。

この本を読んだときも、私はガルブレイスが自信喪失に陥っているように見える日本人に対して、いわば「応援メッセージ」を発しているような意図を感じた。例えば、彼は、日本経済がいかに「低迷」しているようにみえても、日本人の資質はきわめて優れており、国民資産も世界有数の一流国であり、やる気さえあれば必ず復活できるという趣旨の言葉を何度も繰り返している。

もっとも、出版時はまさに小泉政権の構造改革路線が進みつつあった頃であり、彼がどこまで日本の事情に精通していたかには疑問もあるが、豊かな社会における公共投資の在り方を再考せよという主張は傾聴に値する。

「これまで、日本政府は『景気刺激のため』と称して（かつてルーズヴェルト大統領が実施したのと同じように）『公共事業』に多額の資金を注ぎ込んできた。しかし、日本の経済構造は『大恐慌』当時のアメリカとは大きく異なっており、『公共事業』が景気に与える直接的インパクトは極めて小さくなってきている。ここにこそ最大の問題があるのだから、これまでのようなやり方で、ただジャブジャブと量的に公的資金を注ぎ込むだけでは大した効果が上がらないのも当然である。このような事実に、日本の政治家たちはもっと注目すべきである。

また、いま日本政府が公的資金を投入すべき最大のターゲット、すなわち『社会的インフラストラクチャー』（経済基盤）は、言うまでもなく『技術』や『芸術』などを支える人材を育成するための『教育』面でなければならない。いまや世界は人材開発競争の時代に入っており、こうした面で立ち遅れては、国家としての将来展望などまったく開けなくなってしまうからである。」（同書、231ページ）

日本の経済風土への親近感

要するに、ガルブレイスは日本が好きだったのである。彼の日本経済への処方箋がどれほど的を射ているかどうかという評価を措いても、彼が心から日本のことを案じていたのは間違いない（それは、たびたび日本経済に言及してきたポール・クルーグマン*1［1953年〜］の時事論説が、本当に日本を案じる気持ちから発せられたものだったかどうかは疑問なのとは対照的である）。

私がもう一つ付け加えたいのは、彼が日本の経済風土に対して親近感をもっていたことである。これはこういうことである。アメリカでは、建前上はいまだに「自由放任主義」（レッセ＝フェール）の伝統が根強く、政府が民間部門に何らかの介入をおこなうことに対して抵抗が強いが、日本では、政府と民間部門とのあいだに対立ではなく協調の関係が確立されている。ガルブレイスは、この現象をマルクス経済学の影響に帰しているが、主張の当否は別として、とても興味深いので、いまでも鮮明に記憶に残っている。彼は次のようにいっていた。

「日本人の経済思想の中心にある考え方には英米の伝統に由来する面が多分にあるけれども、マルクス主義が英語国において評判の高いものとは考えられていないのに対して、日本人の経済思想はそれ以上に強いマルクス主義的な内容を含んでいる。しばしば言われることであるが、企業幹部や政府高官となる日本人が人生の出発点でマルクス主義者であったというケースは少なくない。革命を本気で期待する向きはないけれども、マルクス主義の影響はかなり重要な意義を持っている。すなわち、民間市場と国家との間の理論的抗争関係が英米における伝統的な経済学的思考を強く摑んでいるのに対して、日本人の経済的・政治的思考にあっては、マルクス主義の影響により、この抗争関係とも言えるほどの社会的二分法の観念がない。日本においては、マルクスが言ったように、国家は資本家階級の執行委員会なのである。これは自然で当り前のことだと考えられている。その結果、産業界と政府との協力関係が当然に承認されている。公共投資、技術革新の企画およびそれに対する支援、といった協力関係がそれであって、こうした関係は、英米の伝統からすれば、自由企業制を掘り崩すとまでは言えないにしても、とうてい考えられないほどのものである。」(『経済学の歴史』鈴木哲太郎訳、ダイヤモンド社、1988年、418ページ)

もっとも、『経済学の歴史』の原著(*Economics in Perspective*, 1987)は、ベルリンの壁の崩壊前に書かれたものであり、日本でも壁の崩壊後、マルクス主義の影響はかなり弱くなったはずなので、現在では、この文章もそのままの形では通用しないだろう。だが、それでもなお、「国民皆保険」の基準からみれば決して十分ではないオバマケアさえつぶそうとする保守派の勢力がまだ強いアメリカと比較すれば、日本のほうがまだ大多数が政府の役割を容認する範囲が広いことは明白である。

日本でファンの多いガルブレイスだが、本書を通じて、私は彼の経済思想が経済学という学問においてどのように位置づけられるかにも配慮しながら、その魅力とともに問題点についても語っていきたい。熱狂的ファンのなかには、ガルブレイス経済学に批判的な論点を指摘しただけで、感情的に反発してしまう向きもあるが、私は、ケインズにせよマルクスにせよ、その長短両面に通じてこそ学問的に的確な評価が下せると信じているので、本書でもこの方針を堅持したいと思う。

＊1　ポール・クルーグマン　1953年～。アメリカの経済学者、ニューヨーク市立大学大学院教授。1990～2000年代に日本が陥った経済停滞の原因を「流動性の罠」として分析した。2008年、ノーベル経済学賞を受賞。（編集部）

ジョン・ケネス・ガルブレイス(John Kenneth Galbraith、1908〜2006年)。カナダ出身の制度派経済学者。アメリカで『不確実性の時代(The Age of Uncertainty)』が出版されたのは1977年。翌年には日本でも翻訳版が出版され、経済書としては当時、異例のベストセラーとなった。
写真/Getty Images

第1章　揺らぐ「拮抗力」

ノンフィクションの名著『ゆたかな社会』

私は、序章のなかで、将来も長く読み継がれるガルブレイスの著作は『ゆたかな社会』に違いないという趣旨の文章を書いた。いまでも、この考えに変わりはないし、実際、数年前、イギリスのガーディアン紙（電子版）にも、ノンフィクションの名著（24位）として登場していた。[*1] だが、もちろん、ガルブレイスの思想がすべて『ゆたかな社会』に凝縮されているわけではない。

私の念頭にあるのは、ガルブレイスの『アメリカの資本主義』（初版は1952年）に出てくる「拮抗力」の概念だが、拮抗力は応用範囲が広いだけに正確に理解しておく必要がある。

『アメリカの資本主義』は、まだガルブレイス経済学の全貌が明らかになっていない時期に書かれているので、それのみで彼を語るには不十分な著作だが、それでも、のちの著作につながるようなアイデアをいくつも含んでいるという意味では決して逸することのできないものである。幸い、日本語版は、数年前、私が解説を書いて復刊された（ジョン・K・ガルブレイス『アメリカの資本主義』新川健三郎訳、白水社、2016年。なお、この日本語版は、19

56年の第2版の翻訳である)。

枝葉末節を大胆に切り捨てていうならば、ガルブレイスは、アダム・スミス(1723~90年)以来の経済学の正統的学説だった競争モデルが、独占や寡占などの台頭によって大きな打撃を受けたこと、しかしながら、競争モデルが形骸化したからといってアメリカ経済のパフォーマンスが極端に悪くなったわけではなく、むしろイノベーションは資金・人材面で優位に立っている大企業によって小企業よりも成功裏に遂行されていることを華麗な文体で綴っている。そして、「競争モデルの形骸化」=「アメリカ経済の劣悪なパフォーマンス」という正統派の見解が成り立たない謎を解く鍵は、「拮抗力」という概念にあると主張している。こういっただけではわからないだろうから、もっと丁寧に解説を続けよう。

留意すべきは、ガルブレイスが「競争モデル」という場合、それはほとんど例外なく「完全競争モデル」を指していることである。完全競争市場とは、消費者や企業が多数存在し、どの経済主体も価格支配力をもっていないこと、商品が同質で差別化がないこと、その市場への参入と退出の自由が保障されていることなどの条件が満たされた市場のことを意味している(不安があれば、ミクロ経済学の教科書を繙いてほしい)。

経済学の歴史において、完全競争モデルを最初に厳密に定式化しようと試みたのは、フランス人でスイスのローザンヌで教鞭をとったレオン・ワルラス（1834～1910年）だが、ガルブレイスが念頭においていた完全競争モデルは、有名なJ・M・ケインズ（1883～1946年）の先生に当たるアルフレッド・マーシャル（1842～1924年）の『経済学原理』（初版は1890年、1920年の第8版まで版を重ねた）のほうである。実は、マーシャル経済学を完全競争モデルと解釈するのは正確ではないのだが、ここでは、専門的な事柄は措いておく。[*2]ガルブレイスの学生時代はマーシャルの『経済学原理』がいまだに教科書として生きていたので、彼が完全競争モデルの代表にマーシャルの『経済学原理』をもってきたとしてもなんの不思議もない。

誰も権力をもっていない世界の経済理論

だが、ガルブレイスの手にかかると、教科書の基礎的な概念もある種の独特の色彩を帯びるようになる。すなわち、完全競争モデルとは、誰も「権力」をもっていない世界の経済理論だというのである。もっとも、彼がその後も主な研究対象にしていくのは国家権力というよりは大企業の権力だということを押さえておかねばならないが、『アメリカの資本主義』のような初期の著作でも、ガルブレイス節はすでに登場している。

「自分が権力をもつことは好むが、相手が権力を握ることを嫌悪する社会では、競争モデルは考え方が際立って異なる人びとに目的の点では強力な一致をもたらした。すべての人びとが競争モデルのなかに自分の気質や利害に合致する方策を見出すことができるわけである。たとえば、実業家にたいし、それは政府権力の侵入に抵抗するのを正当化する強力な理由を提供した。それはまた、実業家が不当な権力を所有していると批判する人びとにたいする回答を提供した。競争が権力の所有を不可能にしているので、権力を有しているようにみえるのも蜃気楼にすぎないというわけである。自分の決定に際しいかに強い制約があるかを他の誰よりもよく知っているので、当人も実際にそう信じることができたのである。他方で実業界の批判者たちも、競争モデルが実業家や政府に権力を与えるのを否認しているがゆえに、このモデルをおろそかに扱うことはなかった。彼らは実業家が経済的権力を有しているのではないかと疑惑を抱いたが、彼らの考える是正策とは、実業家自身が信奉しているのと同じ種類の経済制度をより純粋なものにするということにすぎなかったのである。」(『アメリカの資本

主義』邦訳、49ページ）

ところが、完全競争モデルは、19世紀末頃から、資本主義の発展に伴い独占や寡占などが大部分の経済部門で顕著にみられるようになって大きな打撃を受けるようになった。ガルブレイス風にいうと、もはや独占企業や寡占企業が有する「私的権力」を無視できなくなったのだ。しかし、アメリカでは、やがて私的権力を抑制するための法律として反トラスト法（シャーマン法、クレイトン法、連邦取引委員会法）が整備され、場合によっては独占を解体させるための執行がなされた。それでも、独占とまではいかなくとも、少数の大企業から成る寡占市場は、いまでも大部分の経済部門に歴然と存在している。

正統派の経済理論では、完全競争市場と比較すると、独占や寡占が支配的な市場では価格は高めで生産量は少なくなるので、経済厚生上好ましくないとみなされていた。ならば、寡占市場が大部分の経済部門で支配的になれば、反トラスト法がときに介入することがあったとしても、大企業の私的権力を根本的に抑制するものはないのではないか？　ガルブレイスは、このような不安が経済学者の脳裏に取り憑いたに違いないと考えた。「こうして古典的な形態での競争が広範囲にわたって消滅し、それに代ってたとえ公然とではないにせよ、少なくとも一種の慣行や暗黙の了解の下に共謀した少数の企業の集団が登場すると、競争が消滅したのであるから、もはや企業の支配力にたいする効果的な抑制装置は全然存在しないと考えやすい。こうした結論は、他の抑制装置が求められないかぎりほとんど必然的であり、事実、競争にかんする先入観があまりに強固だったので、そうしたことはまったく行われなかったのである」と（『アメリカの資本主義』邦訳、143ページ）。

ところが、ガルブレイスによれば、このような不安は杞憂に過ぎない。というのは、独占や寡占を生んだ同じ集中化の過程が、市場の反対側（例えば、供給者に対峙する需要者側）にそれに対抗する力を出現させたからである。寡占企業が有している私的権力は決して侮れないが、需要側に強力な小売業者やスーパーマーケットなどが登場するようになったので、寡占企業の私的権力はかなりの程度抑制されざるを得ない。また、寡占企業は労働市場では労働力の強力な買い手として現れるが、その私的権力も労働力の売り手である労働者たちの利益を守る労働組合の台頭によって抑制されるというのだ。ガルブレイスは、このように、「私的権力にたいする新しい抑制装置」のことを「拮抗力」（countervailing power）と呼ぶのである。

スーパーマーケットの例はわかりやすいが、1930年代の大恐慌を経験したガルブレイスは、以前は組織力がなく賃金や労働条件の面で大企業に「搾取」されてきた労働者たちが労働組合の力を背景に「拮抗力」をもつようになった事情を目撃してきた。もちろん、労働関係の立法はニューディール期にルーズヴェルト民主党政権によって積極的に整備されてきた面はあるので（例えば、1935年の全国労働関係法）、必ずしも自然発生的に生まれたわけではないが、「一九二〇年代初めになってもまだ、鉄鋼産業では一日一二時間、週当り七二時間であり、交替時間の変更の際には二週間ごとに一日二四時間労働というまさに信じがたい事態が存在していた」（『アメリカの資本主義』邦訳、147ページ）というような悲惨な労働条件は、労働組合の拮抗力が増大するにつれて改善されていった。

ガルブレイスは、『アメリカの資本主義』を書いた時点では、拮抗力が順調に発展していけば、大企業の私的権力を抑制するための反トラスト法の強化も、「需要独占」的立場で労働者を搾取しかねない大企業への制裁も必要ではなくなると楽観的に考えていたふしがある。だが、その後の現実の動きは、ガルブレイスが拮抗力の働きを信頼するあまり反トラスト法の役割を過小評価したのではないかという疑念を抱かせるようになった。このような事態の推移も丁寧な解説が必要である。

新自由主義の台頭を背景に

ガルブレイスが活躍した頃の経済学界は、日本でも教科書が広く読まれたポール・A・サムエルソン[*3]（1915〜2009年）が唱えた「新古典派総合」（新古典派とケインズを「総合した」当時の正統派）が正統派を押さえていた。新古典派総合は、簡単にいえば、マクロはケインズ経済学、ミクロは新古典派経済学をうまく組み合わせたものであった。すなわち、マクロではケインズ的な総需要管理をおこないながら雇用量や産出量の確保や成長を図り、ミクロでは市場の資源配分機能を信頼し、そのメカニズムの理論化を徹底して精緻化するというものだ。ミクロの応用分野に「産業組織論」があり、それを体系化したJ・S・ベイン（1912〜91年）やR・ケイヴズ（1931〜2019年）のSCPパラダイムが長いあいだこの分野を支配した。SCPとは、「市場構造」(market structure)、「市場行動」(market conduct)、「市場成果」(market performance) のことだが、要するに、市場構造が独占や寡占的構造に近づけば近づくほど、市場行動も市場占有率を背景にした行動となるので、市場成果にも独占や寡占の弊害が現れるというのである。それゆえ、ベインやケイヴズは、市場構造が独占的か競争的かということをまず問題にし、独占の企てや一定規模以上の合併に対してはきわめて厳しい態度をとった。そのような考え方が、実際に、反トラスト法の執行にも大きな影響を及ぼしていた。

ところが、アメリカの厳格な反トラスト法は、もともと優れた効率性やイノベーションを達成したがゆえに大規模になってきた企業を無理やり分割しようとしている点で、自由な企業活動を阻害しているばかりか、ひいてはアメリカ経済のパフォーマンスをも悪化させていると主張する一部の経済学者が存在していた。彼らの多くは、有名なミルトン・フリードマン*4（1912～2006年）を指導者とするシカゴ学派に属していた（産業組織論が専門のジョージ・J・スティグラーの本が参考になるだろう。『小さな政府の経済学——規制と競争』余語将尊・宇佐美泰生訳、東洋経済新報社、1981年）。アダム・スミスの「神の見えざる手」をあれほど賛美したシカゴ学派が、独占や寡占を擁護するとは思想史上のパラドックスだが、彼らは、ケインジアンの総需要管理にせよ、ベイン＝ケイヴズ流の反独占政策にせよ、政府が民間企業の自由な活動を妨害するようなすべての政策に敵対的であった。このような考え方は、サムエルソンの新古典派総合が学界の中心を押さえていたあいだは「異端」だったのだが、シカゴ学派は、やがて新自由主義の復活の勢いに乗って、ときの政権をも動かすほどの影響力を及ぼすようになった。とくに、1980年代のレーガン共和党政権の成立以降、規制撤廃路線が一段と力を増していったが、シカゴ学派の産業組織論はその政策の正当化にも一役を演じたのである。

シカゴ学派的思考法は、1989年11月のベルリンの壁の崩壊後、さらに勢力を増し、自由放任主義の亜種ともいえる「市場原理主義」の流行を生んだが、すべての経済問題を市場メカニズムに任せよというその主張のなかに反トラスト法の撤廃（そこまで行かずとも大幅な緩和）が含まれていたことはいうまでもない。

スティグリッツの市場原理主義批判

反トラスト法の大幅な緩和は、大企業が私的権力を自由自在に振るうことを可能にしたが、この点で参照に値するのが、最近、市場原理主義に対して痛烈な批判を繰り返しているリベラル派の重鎮、ジョセフ・E・スティグリッツ[*5]（1943年～）の最新作『プログレッシブキャピタリズム』（山田美明訳、東洋経済新報社、2019年）である。スティグリッツは、テクノロジー系の大企業が私的権力を増大させるための「新機軸」を編み出したことを問題視している（スティグリッツは、私的権力ではなく「市場支配力」という言葉を使っている。以下の引用に登場する「イノベーション」は、技術や組織の変革を含むシュンペーター流の「革新」と訳すとどうもしっくりしない。適当な訳語がないので、訳者もそのままイノベーションと訳したのだと思われる)。

「たとえばマイクロソフトは、新たな形態の参入障壁や、既存の競合企業を追い払ずる賢い方法を生み出す能力に長けていた。20世紀末の時代に、競争を制限しようとしたかつての大企業を手本に、そのような面で先進的なイノベーションを築き上げたのだ。その好例が、1990年代のインターネットブラウザーをめぐる闘いである。当時はこの分野で、ネットスケープが際立った活躍を見せていた。パソコンのオペレーティングシステム(OS)でほぼ独占状態を築いていたマイクロソフトは、この新興企業に利益が侵害されるのを恐れ、同社を追い払おうと考えた。だがマイクロソフトが当時開発していたインターネットエクスプローラーには、ネットスケープほどの魅力がなく、その実力だけでネットスケープに勝てる見込みはない。そこでマイクロソフトは、パソコンのOS市場での市場支配力を利用して、アメリカのほとんどのパソコンにインターネットエクスプローラーを組み込んだ。OSと抱き合わせ、無料で提供したのだ。無料で提供されるブラウザーに対抗できるブラウザーなどあるだろうか? しかし、これだけでは不十分だったため、マイクロソフトはさらに、ネットスケープは相互運用性に問題があるというFUD（恐怖・不安・疑念）戦術を展開した。ネットスケープをインストールすればパソコンの機能が損なわれるおそれがあるとユーザーに警告したのだ。結局マイクロソフトは、そのほかさまざまな反競争的行為を通じてネットスケープを市場から追い出した。21世紀の初めには、ネットスケープを利用する人はほとんどいなくなっていた。こうして独占状態を確立すると、その反競争的行為が3つの大陸で規制機関により禁止されても、マイクロソフトの市場支配は続いた。ブラウザー市場に新規参入者（グーグルやファイアフォックスなど）が割り込んでくるのは、その後の話である。」（『プログレッシブキャピタリズム』邦訳、106～107ページ）

ガルブレイスは、後々まで、「反トラスト法はジェスチャーに過ぎない」という類の反動的（？）と誤解されかねないもののいい方で物議を醸したものだったが、21世紀資本主義の現状をみる限り、スティグリッツが危惧したように、大企業の市場支配力は格段に強化されており、「拮抗力」のみに頼っていては消費者の利益を著しく損ないかねない。読者も、最近、新聞を読んでいるとしばしばGAFA（グーグル・アップル・フェイスブック・アマゾン）のような巨大企業に対する反トラスト法の強化を明言するアメリカ議会や司法省関係者の記事が出てくることに気づいているだろう。例えば、日経新聞電子版（２０１９年６月４日付）には、こういう記事が載った。[*6]

「グーグルやフェイスブックなど『ＧＡＦＡ』と呼ばれる米ＩＴ（情報技術）大手に対し、米議会は３日、反トラスト法（日本の独占禁止法に相当）違反がないか調査を始めると発表した。司法省なども調査を検討する。ＧＡＦＡによるデータ寡占を警戒する動きが欧州から飛び火した形で、米ＩＴ競争政策が放任から規制に向かう転換点となる可能性がある。

『デジタル市場における市場支配力には新たな危険性がある』。米下院司法委員会で反トラスト法を管轄する小委員会のシシリン委員長は３日、ネット大手の巨大化に強い危機感を示した。競争を妨げる行為がないか、公聴会や召喚状など議会の権利を駆使して徹底的に調べるとも表明した。

米メディアは３日までに、反トラスト法を共同で所管する司法省と米連邦取引委員会（ＦＴＣ）も調査を検討中だと報じた。司法省がグーグルとアップル、ＦＴＣがフェイスブックとアマゾン・ドット・コムをそれぞれ担当することで合意したという。」

GAFAの市場支配力が当局に警戒されるのは、それが莫大な個人情報を握っているからである。アメリカの大統領選挙でも争点になりうるが、英FT（フィナンシャル・タイムズ）と米ピーター・G・ピーターソン財団がおこなった世論調査（2020年1月21〜26日）によれば、「個人情報保護に『懸念がある』との回答が87%に達し、連邦政府によるIT企業の規制を『強化すべきだ』との回答は51%だった」という。[*7] それゆえ、スティグリッツが反トラスト法の強化を主張するとき、彼の背後には大多数の国民の支持があると考えるべきだろう。

もっとも、スティグリッツは、巨大IT企業の市場支配力が問題になってきたのは、レーガン共和党政権以来、反トラスト法の規制が緩和され過ぎたのが原因だと考えているので、自分がそれほど「ラディカル」な改革を主張しているとは思っていないかもしれない。だが、GAFAを敵に回しても持論を曲げない勇気のある経済学者はそれほど多くはいないので、彼のいうことは注意深く聞かなければならない。

「だが、市場支配力が増大した大半の原因は、暗黙のルールを変更したことにある。ルールのなかでも重要なのが、市場の自由競争を維持することを目的とした反トラスト法だ。現在ではこの反トラスト法の基準が低下し、以前よりも容易に、市場支配力を生み出し、利用し、悪用できるようになった。それに、現行のアメリカの反トラスト法は、変わりゆく経済に対応できていない。

取り締まりが緩いことも一役買っている。ジョージ・W・ブッシュ政権下では、反トラスト訴訟の件数が記録的に少なかった。これはオバマ政権下でもほとんど変わっていない。2015年には、合併・買収（複数の会社が一体となって規模や力を増すことになる）の規模が、史上最高の4兆7000億ドルに達した。これらのすべてが競争に悪影響を及ぼしたわけではないが、有害な影響を及ぼした合併・買収もたくさんある。不適切な競争政策により、グーグル、フェイスブック、アマゾンなどある程度の市場支配力を持つ企業は、その力を高め、広げ、利用し、持続させていくことが可能な状況にある。」（『プログレッシブキャピタリズム』邦訳、111～112ページ）

ガルブレイスの「異端の思想」

ガルブレイスは大企業による「私的権力」の過度の行使にはもちろん賛成しないが、それを反トラスト法によって取り締まればよいという正統派的な考えに同意しないのは、彼には、大企業のほうが技術開発（シュンペーター流にいえば「イノベーション」）の面で小企業よりも優位に立っているという信念があるからである。これは、もう「信念」という他ない。なぜなら、昔もいまも、大企業が必ずしもイノベーションの遂行において小企業よりも優秀な成績を残しているとは限らないという実証研究がいくらでもあるからだ。ガルブレイスは、そのような「異端」の思想をヨゼフ・A・シュンペーター（1883〜1950年）の『資本主義・社会主義・民主主義』（初版は1942年）に帰しているが、ガルブレイスも負けてはいない。彼は、『アメリカの資本主義』のなかで、次のように述べている。

「比較的少数の大企業が支配している産業部門においては、価格競争を排除する慣行も技術開発を抑制したりはしない。技術開発は依然として市場での競争の重要な武器の一つである。その場合の典型的な企業は大企業である。大企業は資金を現代の技術開発に必要な規模で調達することができる。実際にそれらの資力の一部は市場支配力の所産——独占利潤——である。そして模倣されることが考えられ、覚悟しなければならないが、価格競争を制限する慣行のために、新製品あるいは生産費を引き下げる新製法のいずれによるのであれ、その報酬は少なくとも一定期間、競争者だけでなく発明者自身の手にまちがいなく確保される。しかも市場支配力が存在するため、この有利な期間の長さをある程度制御することができるのである。

こうして少数の大企業が支配する現代の産業部門においては、規模と市場支配力に伴う報酬とが結びついて、研究調査ならびに技術開発に必要な資金が確実に利用できる。企業が価格にたいし若干の影響力を行使する力を有している場合、開発の結果生じた利益が、開発用支出の埋め合わせがすむ前に（開発の費用をまったく負担していない）模倣者により消費者大衆の手に渡ってしまうのを、確実に防ぐことができる。このようにして市場支配力は技術開発を促す誘因を保護するのである。」（『アメリカの資本主義』邦訳、116〜117ページ）

スティグリッツ、ピケティ、そしてガルブレイス

しかし、もし大企業が、ガルブレイスの楽観的な見方と違って、市場支配力の面でも労働力の「需要独占」的買い手としても、消費者の利益を損ない、経済格差を助長するような権力を行使しているのが現実だとしたら、「拮抗力」なるものにあまり多くを期待するのは責任ある経済学者の態度ではないようにも思える。実際、最近ますます問題になっているのは、英米の新自由主義的政策の世界的浸透により労働組合が弱体化し、それが労働市場において「拮抗力」の担い手とはなり得なくなったこと、その結果として、労働者が以前より不利な労働条件での就労を強いられていることである。トマ・ピケティ[*8]（1971年〜）の『21世紀の資本』（原著は2013年刊行。山形浩生ほか訳、みすず書房、2014年）以来はやりの言葉を使えば、労働者は資本家や経営者と比較して著しく「格差」のある立場に追いやられてしまったというわけだ。

スティグリッツがみたアメリカ資本主義の現実は労働者にとって過酷であり、それゆえ、彼は、ガルブレイスのように「拮抗力」を頼みにするのではなく、政府が積極的に介入し、「機会の均等と社会的公正」を確保する対策を講ずるべきだと主張している（例えば、累進的な税制や所得移転、公共支出を通じて生活水準の平等化を図ることなど）。再びスティグリッツのいうことを聞いてみよう。

「格差は、所得が生み出される過程で生まれる。その過程で企業は、独占力や買い手独占力を行使したり、前述のように他人を搾取したり、弱者や特定の人種や民族を差別したりする。格差はまた、CEOがコーポレート・ガバナンスの欠陥を利用することで生まれる。労働者の給与や事業への投資を削り、自分だけ法外な報酬を受け取る。そのため公平な所得の分配を実現するには、こうした行為を禁止し、コーポレート・ガバナンスの法律や労働法を改善し、差別を禁止する法律や競争を促進する法律を強化する必要があるが、いずれも容易に実現できる（政治的な問題を別にすれば）。市場は、社会と無関係に存在しているわけではない。法律や規制や政策を通じて、きちんとした仕組みをつくる必要がある。この問題にうまく対処し、市場の効率を高め、市場所得の格差縮小を実現している国もある。

格差は、所得にかかわる法律の影響を受けるだけでなく、企業の搾取を規制する法律の影響も受ける。アメリカの現在の金融制度は、格差を拡大する役目を果たしている。貧困層は、借り入れのときには高い金利を払わなければならないが、銀行に預けてもわずかな金利しか受け取れない。金融産業の「改革」も行われてきたが、それも事態をさらに悪化させるだけだった（金利の制限の廃止など）。いまではこの産業の競争はますます抑制され、不用心な人から搾取する方法を競い合うだけになっている。

格差を縮小するために可能な改革はたくさんある。貧困層を支援するそのほかの政策としては、たとえば、最低賃金を上げる、賃金への助成や勤労所得税額控除を提供して、生活ができるレベルまで賃金を補填する、などの方法がある。」（『プログレッシブキャピタリズム』邦訳、287～288ページ）

大企業の私的権力に利用されたガルブレイスの態度

ただし、ガルブレイスに公正を期すために付け加えると、彼が、『アメリカの資本主義』からずっと後の著作『経済学と公共目的』（初版は1973年）において、大企業体制からは弾き出されている「市場体制」（大企業と違って、基本的に「市場に従属している」小企業から成る経済部門で、典型的には農鉱業などがこれに当たる）に「拮抗力」をつけるための諸提案をしているのは事実である。だが、こと反トラスト法に関する限り、彼は一貫してその役割を過小評価していた。

もし大企業体制の詳細を解剖したのが、ガルブレイスの『新しい産業国家』（初版は19

67年）であるといって許されるならば、その段階のアメリカ資本主義は、いまだに製造業が中心の経済体制だったので、彼の経済思想も、その後のアメリカ経済の「脱工業化」「金融資本主義の台頭」、さらには「巨大ＩＴ企業の覇権」などにうまく適合できていなかったとしても不思議ではない。私はそのことをもってガルブレイス経済学そのものを過小評価する気は毛頭ないのだが、彼は「リベラリズム」（liberalism）を「経済における交渉力が弱い者を強化しようとする立場」（『アメリカの資本主義』邦訳、187ページ）と定義していたので、反トラスト法の役割を一笑に付すかのような彼の態度が、大企業の「私的権力」を温存する勢力に利用された側面は否定できない。

ガルブレイスは、新しい技術や組織などの可能性を基本的に肯定的に捉える人だった。晩年、機械化やロボットなどが普及した世界になっても、そのような「知識経済」にふさわしい人材の育成に公的資金を投じるべきであるという主旨の発言をしたのも、そのためである。現代的な表現を使えば、ＡＩ時代にふさわしい教育を充実させるべきだと言い直してもよい。

だが、ガルブレイスは、日常生活でパソコンやインターネットやスマートフォンなどを駆使するような人ではなかったことも事実である。したがって、現代の巨大ＩＴ企業がどれほどの「私的権力」をもつに至ったかについて正確に理解していなかったとしても、彼を責めることはできない。先にも触れたように、いまや膨大な個人情報を握った巨大ＩＴ企業が、市場支配力を強化し、消費者の利益を損なうような行動をとることはいとも簡単なことだ。「ビッグデータ」が重みをもつ現代を「データ資本主義」と呼ぶ研究者がいるが、彼らのなかには、巨大ＩＴ企業から個人を守るには、市場シェアが一定以上の大企業に対して、「累積データ共有」を義務づけるという意味での応分の負担を課すべきだと主張している者もいる（ビクター・マイヤー＝ショーンベルガー、トーマス・ランジ『データ資本主義』斎藤栄一郎訳、ＮＴＴ出版、２０１９年参照）。今日を生きる私たちは、これくらいの危機意識をもったほうが安全だろう。

＊１　https://www.theguardian.com/books/2016/jul/11/100-best-nonfiction-books-affluent-society-jk-galbraith

＊２　30年以上も前、私はガルブレイスのマーシャル理解の問題点を論じたことがある。拙著『マーシャルからケインズへ――経済学における権威と反逆』（名古屋大学出版会、１９８９年）参照。

なお、ガルブレイスの『経済学の歴史』鈴木哲太郎訳（ダイヤモンド社、1988年）には、ワルラスへの言及が一切ないので、彼はまともにワルラスを読んだことはないと推測される。

＊3　ポール・A・サムエルソン　1915〜2009年。アメリカの経済学者。新古典派経済学とジョン・メイナード・ケインズのマクロ経済学を総合する「新古典派総合」を主張。著書『経済学（*Economics: An Introductory Analysis*）』（1948年初版）は日本を含む各国で経済学の教科書として広く読まれた。1970年、ノーベル経済学賞を受賞。（編集部）

＊4　ミルトン・フリードマン　1912〜2006年。アメリカの経済学者。マネタリズム、新自由主義の立場に立つ。シカゴ学派の中心人物としてケインズ的な政府による財政政策を強く批判。1976年、ノーベル経済学賞を受賞。（編集部）

＊5　ジョセフ・E・スティグリッツ　1943年〜。アメリカの経済学者、コロンビア大学教授。ミクロ経済学の分野での業績の他、米クリントン政権下で大統領経済諮問委員会委員長を務めるなど経済政策にも影響力をもつ。2001年、ノーベル経済学賞を受賞。（編集部）

＊6　https://www.nikkei.com/article/DGXMZO45692160U9A600C1EA2000/?n_cid=SPTMG00

＊7　日経電子版（2020年2月6日付）
https://www.nikkei.com/article/DGXMZO55362110W0A200C2FF1000/

＊8　トマ・ピケティ　1971年〜。フランスの経済学者。経済的な不平等の研究を専門とし、

所得上位者層の所得が総所得に占める比率の推移などを訴えた。『21世紀の資本』（初版は2013年）は世界的なベストセラーとなった。（編集部）

第2章　誤解された『ゆたかな社会』

ゆたかな社会に潜む危険性

ガルブレイスの『ゆたかな社会』が欧米のメディアで優れたノンフィクションの上位にランクインしていることはすでに触れた。だが、書名はときに誤解を招きやすい。

もちろん、この本は、第二次世界大戦で疲弊したヨーロッパや日本を含む多数の国々と比較して圧倒的な「豊かさ」を実現したアメリカ社会を背景に書かれたものである。『ゆたかな社会』の初版が出版されたのは1958年だから、私もまだ生まれていない。だが、1950年代の雰囲気を見事に描き切ったアメリカ一流のジャーナリスト、デイヴィッド・ハルバースタム（1934〜2007年）の名著『ザ・フィフティーズ　1950年代アメリカの光と影』（初版は1993年）のおかげで、私たちはその時代の雰囲気が手にとるようにわかる。そう言ってよいほどの名著であり、こういう読み物の類では、学者は優れたジャーナリストの敵ではない（いまでは、峯村利哉訳の文庫で読める。全3巻、ちくま文庫、2015年）。ハルバースタムは、その本の序章のなかで次のようにいっている。

「30年後から回顧すると、50年代は秩序正しい時代に、意見の衝突が最小限の社会に思える。この時代の写真が示すのは、身なりに気を遣う人々の姿だ。男たちの服装は、スーツにネクタイに——屋外では帽子。髪を内巻きにした女たちは、小粋さと陽気さを感じさせた。〝堅物〟という第一印象を抱かせる当時の若者層は、既存の社会契約をおおむね受け入れているようだった。50年代初頭の若者向けの音楽は、まだテンポが遅くて歌詞も甘ったるく、過激さを嫌う世間一般の嗜好と一致していた。世界大恐慌と第二次世界大戦を経験し、心にトラウマを負った人々にとって、戦後期のアメリカンドリームとは、社会や政治ではなく、経済の側面で個人の自由を行使することだった。若い男女は、膨張する中流階級への仲間入りを熱望し、物質的な幸福を、とりわけ雇用保障という形の幸福を選択した。退役軍人援護法を利用して大学に通い、社会へ出たばかりの意欲的な若い復員兵にとって、安心とは、福利厚生の手厚い大企業で申し分のないホワイトカラー職に就き、結婚して子供をもうけ、郊外に家を買うことを意味していた。

世間全般に善意があふれ、豊かさが行き渡りつつあった50年代、アメリカ社会が本質的に優れているという点を疑う者はほとんどいなかった。この考え方も結局は、当時の本や雑誌を通じて彼らに投影されたのだが、もっと強力でもっと遠大な影響を及ぼしたのは、テレビで放送されはじめた家族物のシチュエーション・コメディだった。

シットコムと呼ばれる形態の新番組は、スポンサーの営利目的を勘案しつつ、視聴者の憧れの的となるような暮らしぶりを描き出そうとした。とはいえ、大多数のアメリカ人は自分の生活様式について、他人からあれこれ指南される必要性をほとんど感じていなかった。彼らは未来を楽観していた。3、4年間を海外での戦闘に費やした男たちは、人生のやり直しに意欲を燃やした。国許で男たちの帰りを待っていた女たちも同様だ。第二次世界大戦後、彼らがこぞって子作りに励んだ現象は、のちに『ベビー・ブーム』と呼ばれた（アメリカではあらゆる事象がブーム化していたのに、なぜ赤ん坊の生産だけを除外しなければならないのか?）。家庭と仕事の両立を望む若者にとって、50年代は良い時代と言えた。物の値段もインフレ率も比較的低い水準で推移し、まあまあの職に就いていれば、たいていは家を買えるだけの稼ぎを得られた。共産主義の恐怖が見え隠れしていても、米ソ両大国が核兵器開発にしのぎを削っていても、アメリカ人は自国の指導者たちを信じていた。国民に真実を語り、健全な決定を下し、戦争を回避してくれるはずだと。」（『ザ・フィフティーズ』邦訳、第1巻、9〜11ページ）

「古き良き時代」のアメリカを描写した見事な文章である。ハルバースタムは、50年代を象徴する人物として、GM（ゼネラル・モーターズ）の黄金時代を築いたアルフレッド・P・スローン会長、一戸建て住宅の大量生産を実現したウィリアム・J・レヴィット、「マクドナルド・ハンバーガー」の名前を世界的にしたマクドナルド兄弟、等々を登場させながら、アメリカの「豊かさ」をあらゆる角度から解き明かしていく。だが、のちに明らかになるように、彼もその「豊かさ」に何の疑問も差し挟まないほど楽観的ではなかった。

ケインズが気づいていた豊かさの問題

ガルブレイスの『ゆたかな社会』初版が出版された当時のアメリカの姿は、右のようなものだった。だが、その「豊かさ」に潜む問題に気づいていた、あるいは、予期していた経済学者に有名なケインズがいる。あの『雇用・利子および貨幣の一般理論』（初版は1936年）によって経済学界に大論争を引き起こした革命児、ジョン・メイナード・ケインズである。

ケインズは、「孫の世代の経済的可能性」（1930年）と題するエッセイのなかで、「絶対的なニーズ」と「相対的なニーズ」を区別し、前者についていえば、孫の世代の頃には大方問題は解決されるという楽観的な見通しを語っていた（そのエッセイは、『ケインズ説得論集』山岡洋一訳、日本経済新聞出版社、２０１０年に収められている）。だが、後者は、そう簡単には解決しない。正確を期すために、ケインズがどのようにいっていたか、振り返っておこう。

「ここでは百年後に、経済的にみた生活水準が平均して、現在の八倍になると想定して議論を進めることにしよう。この想定には驚くような点は何もないと断言できる。人間のニーズには限りがないと思えるのは事実だ。だがニーズには二つの種類がある。第一は、絶対的なニーズであり、周囲の人たちの状況がどうであれ、必要だと感じるものである。第二は、相対的なニーズであり、それを満たせば周囲の人たちより上になり、優越感をもてるときにのみ、必要だと感じるものである。第二の種類のニーズは、他人より優位に立ちたいという欲求を満たすものであって、確かに限りがないともいえる。全体の水準が高くなるほど、さらに上を求めるようになるからだ。しかし、絶対的なニーズは、限りがないとはいえない。おそらくは誰もが考えているよりはるかに早い時期に、絶対的なニーズが満たされ、経済以外の目的にエネルギーを使うことを選ぶようになる時期がくるとも思える。

結論を述べよう。この結論について、じっくりと考えていくと、想像するだけで驚くべきことだと思えてくるはずである。

結論として、大きな戦争がなく、人口の極端な増加がなければ、100年以内に経済的な問題が解決するか、少なくとも近く解決するとみられるようになるといえる。これは将来を見通すなら、経済的な問題が人類にとって永遠の問題ではないことを意味する。」（『ケインズ説得論集』邦訳、211～212ページ）

ケインズ、ハルバースタムからガルブレイスへの流れ

実は、ケインズの意味での「相対的なニーズ」、すなわち「それを満たせば周囲の人たちより上になり、優越感をもてるときにのみ、必要だと感じるもの」がしばしば観察されるようになるのは、ハルバースタムが描いた50年代のアメリカのような社会なのである。

ハルバースタムは、先に挙げた名著のなかで、テレビの普及とともに広告の台頭に注目し、アメリカが「資本主義」というよりは「消費主義」になってしまったことを正確に記述し

ている。「一瞬で膨らんだと思える新時代の豊かさの中に、アメリカの魂を脅かす危機の芽が存在していた。戦後の資本主義は、戦前とはまったくの別物だった。獰猛な消費中心主義に突き動かされた資本主義だった。人々は生活に必要なものではなく、隣人と張り合うために必要なものを争って買い求め、結果としてGNPを際限なく上昇させていった。……中流階級へ押し寄せてくる人々を、広告業界は標的市場と定めた。彼らはあらゆる手段を用いて――必要とあらば借金をして、むしろ自ら進んで借金をして――物を買う人々であると考えられた」と（『ザ・フィフティーズ』邦訳、第2巻、314〜315ページ）。

ハルバースタムは、優れたジャーナリストではあっても経済学者ではないので、このような資本主義の現実をさらに掘り下げようとはしていない。それゆえ、ガルブレイスが登場してくる余地があるわけだが、『ゆたかな社会』という名著の意義もそのような時代背景を押さえながら考えなければならない（現在では、1998年に出版されたその本の40周年記念版の邦訳が利用できる。鈴木哲太郎訳、岩波現代文庫、2006年）。

ガルブレイスの『ゆたかな社会』を繙く者は、誰しも彼が「言葉遣い」にきわめて鋭敏な感覚をもっていることに気づくに違いない。現代経済学の教科書は、ミクロにせよ、マクロにせよ、言葉というよりは数学に頼った書かれ方をしているので、ガルブレイスの「言葉遣い」へのこだわりはある意味で異様でもある。しかし、『ゆたかな社会』は、「異端派経済学者」としてのガルブレイスの宣言書のようなものだから、決して大袈裟な言い方ではない。

『ゆたかな社会』を初めて読んだとき、私は、おそらく他の多くの読者と同じように、「通念」(conventional wisdom)という用語が効果的に使われていることに印象づけられた。通念とは、かいつまんでいえば、私たちが属している組織や団体のなかで「真理」として通用している考え方のことである。だが、人によって属している組織や団体は違うので、それぞれの通念が一致しているとは限らない。それにもかかわらず、それらの組織や団体に属する大多数によって支持されている通念はあるだろう。ガルブレイスは、その通念の特徴を解き明かそうとする。

「観念が人に受けいれられるようになるのにはいくつもの要因がある。われわれは真理と便宜とを結びつけて考えることがかなり多い。ここで便宜というのは、利己心や個人的な幸福に最も密接に合致したもの、または無駄な努力や生活の破綻を避けるのに最も好都合なもののことである。また、自尊心に貢献することも非常に受けいれやすい。アメリカ商工会議所で演説する人が実業家の経済力をけなすことはまずない。AFL＝CIOに顔を出す人は、社会の進歩とは労働組合運動が強くなることだと考えている。しかしながら、人びとは最もわかりやすいことならたいてい賛成する、ということが最も重要な点であろう。前に述べたように、経済・社会の動きは複雑で、その特性を理解するのは大変なことである。したがってわれわれは、おぼれそうな人がいかだにしがみつくように、最も理解しやすい観念にしがみつく。このことは既得利益の最高の表現である。というのは、知識の既得利益は他のどんな宝物よりもいっそう大切に保護されているからである。人びとが以前によく勉強したことを弁護するに当って宗教的な情熱にも似た態度を示すことがよくあるのは、まさにこうした理由によるものである。人間の行動のある分野では、親しみやすさが軽蔑を買う場合もあるが、社会的観念が一般に受けいれられるか否かは親しみやすさにかかっている。」

（『ゆたかな社会』邦訳、23ページ）

通念の特徴として、「理解しやすい」「親しみやすさ」などという形容詞が並んでいるが、これは、その人が所属している団体や組織のなかでは「当たり前」のように浸透しているので、誰もそれを疑おうとしないということだろう。

ガルブレイスは、経済学界において「当たり前」のように想定されている「消費者主権」がその通念に当たると直観的に把握した。消費者主権とは、企業が何を生産するかは、究極的に消費者の嗜好や欲求によって規定されるという考え方のことである。経済学に入門した者は、誰もが教科書の初めのほうでその考え方を学ぶ。

だが、現実には、経済学者でなくとも、常識のある人ならば、企業の生産するモノを規定しているのが消費者の欲望だとは信じていなかった。何度も引き合いに出して恐縮だが、先に触れた名著『ザ・フィフティーズ』の「広告の時代」と題する章のなかで、ハルバースタムは、アメリカン・ドリームを喧伝するかのようなキャデラックの宣伝がいわば「模範」として後の広告業に大きな影響を及ぼしたこと、そして、アメリカ人が時間の経過とともに、「昔ながらの清教徒的価値観」から解放されたおかげで、「前の年よりも物を売ることがたやすくなっていった」ことを指摘していた（『ザ・フィフティーズ』邦訳、第2巻、316〜317ページ参照）。

操作される消費を看破した「依存効果」

経済の現実に通じていたガルブレイスが、テレビに映し出された広告がいまや絶大な影響力をふるい始めたことを知らなかったはずはない。実際、ガルブレイスは、「近代的な宣伝と販売術」が消費者の欲望をどんどん創り出しており、それが消費者主権の想定と相容れないことを指摘している（『ゆたかな社会』邦訳、203～204ページ参照）。だが、当時、消費者需要が広告や販売術によって操作されている現実を指す言葉がなかった。そこで、彼は、「依存効果」という造語を考案したのである。

「社会がゆたかになるにつれて、欲望を満足させる過程が同時に欲望をつくり出していく程度が次第に大きくなる。これが受動的におこなわれることもある。すなわち、生産の増大に対応する消費の増大は、示唆や見栄を通じて欲望をつくり出すように作用する。高い水準が達成されるとともに期待も大きくなる。あるいはまた、生産者が積極的に、宣伝や販売術によって欲望をつくり出そうとすることもある。このようにして欲望は生産に依存するようになる。専門的な用語で表現すれば、全般的な生産水準が低い場合よりも高い場合の方が福祉はより大きい、という仮定はもはや妥当しない。どちらの場合でも同じなのかもしれない。高水準の生産は、欲望造出の水準が高く、欲望充足の程度が高いというだけのことである。欲望は欲望を満足させる過程に依存するということについて今後もふれる機会があると思うので、それを依存効果(Dependence Effect)と呼ぶのが便利であろう。」(『ゆたかな社会』邦訳、206〜207ページ)

依存効果が生む社会的アンバランス

だが、ガルブレイスが単なる経済の「事情通」と違って優れていたのは、依存効果が公共部門への資源配分を阻害するほど民間部門に強力に作用しており、いわゆる「社会的アンバランス」(民間部門の豊かさと公共部門の貧しさの併存)の原因になっていることを的確に指摘したことである。当時の正統派経済学は、ポール・A・サムエルソンが提唱した「新古典派総合」と呼ばれるものだったが、資源配分はミクロの問題で、基本的には市場機構を通じて解決されると考えられていた。しかし、民間部門と公共部門のあいだへの資源配分は、あきらかに前者に偏っていた。ガルブレイスは、その「犯人」が依存効果であり、消費者主権は形骸化していると主張した。

「通念によると、公共的サービスにどれほどかねを使うべきかをきめるのは社会である。大は国から、小は村まで、そうである。この決定は民主的な手続きによってなされる。民主主義の不完全性や不確実性はあるにせよ、個人の所得と財貨のうちのどれだけを割いて人びとの必要とする公共的なサービスに向けるかは、人びと自身が決めることである。したがって、私的な財貨およびサービスからえられる享楽と公共の当局から与えられるそれとの間には、大ざっぱではあるにしても、必ずバランスがとれているはずだ、というのだ。

しかし、こうした見かたはあきらかに、自立的に決定された消費欲望という観念に立脚している。この観念があてはまる社会においては、選挙権者としての消費者が公共的財貨と私的財貨との間の自立的な選択をおこなうという理論は、理屈として成り立つであろう。しかし依存効果がある以上——消費欲望を満足させる過程自体によって消費欲望がつくり出される以上——、消費者は自立的な選択をおこなうのではない。消費者は広告と見栄の力によって影響されている。それらによって生産はそれ自身の需要をつくり出しているのだ。広告はもっぱら、見栄は主として、私的に生産される財貨とサービスに対して有利に作用する。需要管理と見栄の効果とが私的生産にとって有利なはたらきをするので、公共的サービスは本質的におくれをとる傾向がある。自動車に対する需要は高い費用をかけて合成されるので、そうした影響力の及ばない公園、公衆衛生、さらには道路でさえも、自動車ほどには所得をまき上げる力がないのは当然である。今や最高の発展段階に達したマスコミの力は、社会の耳目をより多くの飲み物に向けるけれども、より多くの学校には向けない。これでは両者の選択が平等ではありえないことは、通念でさえも争う余地がないであろう。」（『ゆたかな社会』邦訳、311〜312ページ）

ガルブレイスが指摘した社会的アンバランスは、いわば「豊富のなかの貧困」と表現することもできるだろう。「豊富のなかの貧困」とは、世界的大不況の最中、ケインズが参加した討論会でもよく使われた言葉だが、ケインズの意味では、経済全体で有効需要（投資需要や消費需要）が十分に高ければ潜在的に「豊富」（豊かさ）を実現できるにもかかわらず、将来に対する不確実性や悲観主義が蔓延しているために有効需要が不足し、現実には人々が不況に喘いでいる（貧困に陥っている）ということだった。

だが、ガルブレイスの社会的アンバランスは、これとは明らかに違っている。なぜなら、社会的アンバランスは、有効需要が十分に足りていて、完全雇用が実現されていたとしても、生じうるものだからである。ガルブレイスが『ゆたかな社会』を出版したときのアメリカ経済は、すでにそのような状態に近づいていた。もちろん、アメリカでケインズ政策が根づいていくのは、1960年代のケネディ政権以降だから、これは言い過ぎかもしれないが、少なくとも、ガルブレイスはそのような問題が生じることを予見していたということは許されるだろう。それゆえ、『ゆたかな社会』がアメリカの「豊かさ」の特徴を論じた側面だけに注目するのは、正確な理解ではないのである。

依存効果に注目することによって、ガルブレイスは、GDP（国内総生産）——昔はGNP（国民総生産）のほうがよく使われたが——や経済成長率が高いから国民が着実に「豊かに」なっているのだという経済学界における通念への疑問を表明するに至った。彼が書いていることをよく読んでほしい。

「財貨に対する関心は消費者の自発的な必要から起こるのではなく、むしろ依存効果によって生産過程自体から生まれる。生産を増加させるためには欲望を有効にあやつらなければならない。さもなければ生産の増加は起こらないであろう。すべての財貨についてこういえるわけではないが、大部分の財貨についてそういえるということで十分である。このことから考えると、このような財貨に対する需要は、あやつらなければ存在しないのだから、それ自体の重要性または効用はゼロである。この生産を限界生産物と考えれば、現在の総生産の限界効用は、宣伝と販売術がなければ、ゼロである。生産こそをわれわれの社会の中心的な業績とみなす態度や価値観というものは、まさにひどく歪曲された根の上に立っているといわなければならない。」(『ゆたかな社会』邦訳、208〜209ページ)

ガルブレイスの問題意識と1970年代の日本

このような問題意識が、『ゆたかな社会』初版の出版当時、アメリカで異端派的であったことはいうまでもないが、日本はまだ池田内閣の「国民所得倍増計画」(1960年12月27日に閣議決定)が公になる数年前であり、GDPも経済成長率もまだまだ高くなかっただけに、その本当の意味を理解していた人がどれほどいたかは定かではない。日本人が経済成長至上主義の歪みに気づくのは、1970年代に入って誰の目にも各地の環境破壊問題（当時は「公害」と呼ばれていた）の深刻さが明らかになってからではないだろうか。

もちろん、環境問題は、ケインズの師匠であり、新古典派の基礎を築いたケンブリッジ大学教授、アルフレッド・マーシャルが「外部不経済」の問題として取り扱っていた。外部不経済とは、簡単にいえば、特定の企業や産業の活動がその外部の環境にマイナスの影響を及ぼすことを指しているが、マーシャルの愛弟子で彼の後継者となったアーサー・C・ピグー（1877〜1959年）は、そのアイデアを発展させて、『厚生経済学』（初版は1920年）と題する古典的名著を著した。外部不経済を出している企業に課税するという提案は、今日の教科書では、「ピグー税」とか「環境税」と呼ばれているが、新古典派が決して環境問題に無知ではなかったことは留意すべきである。ただし、このような解決法は、「外部不経済の内部化」と呼ばれるもので、ペナルティとして税金を課せば、問題の企業は外部不経済を出すことを避けるように市場メカニズムが働くはずだという想定の上に立っていた。

だが、ガルブレイスが問題にした環境問題は、これとは違っている。というのは、依存効果が消費者需要の自立性を奪い、市場メカニズムを超えて社会的アンバランスを生み出すからである。ガルブレイスは、この問題の本質をいち早く直観的につかんだが、名文家の彼は、これをどのような文章で表現すべきか、相当に悩んだようである（『回想録』松田銑訳、ガルブレイス著作集9、ＴＢＳブリタニカ、１９８３年、347ページ参照）。その末に生まれたのが、今日でもしばしば引用される次の文章である。

「この対照が明かなことは、それについて書いてあるものを読むまでもない。ある家族が、しゃれた色の、冷暖房装置つきの、パワーステアリング・パワーブレーキ式の自動車でピクニックに行くとしよう。かれらが通る都会は、舗装がわるく、ごみくずや、朽ちた建物や、広告板や、とっくに地下に移されるべき筈の電信柱などで、目もあてられぬ状態である。田舎へ出ると、広告のために景色もみえない。（商業宣伝の広告物はアメリカ人の価値体系の中で絶対の優先権をもっている。田舎の景色などという美学的な考慮は二の次である。こうした点ではアメリカ人の考えかたは首尾一貫している。）かれらは、きたない小川のほとりで、きれいに包装された食事をポータブルの冷蔵庫からとり出す。夜は公園で泊ることにするが、その公園たるや、公衆衛生と公衆道徳をおびやかすようなしろものである。くさった廃物の悪臭の中で、ナイロンのテントを張り、空気ぶとんを敷いてねようとするときに、かれらは、かれらに与えられているものが奇妙にもちぐはぐであることを漠然とながら考えるかもしれない。はたしてこれがアメリカの特質なのだろうか、と。」（『ゆたかな社会』邦訳、303〜304ページ）

非常に手の込んだ文章で、ガルブレイスが何度も推敲したことは十分に予想される。あまりに技巧的な文章はときに空振りするものだが、右の文章は、引用回数から判断すれば、大成功を収めたといってもよい。ガルブレイスは、晩年になっても、自分が初期から環境問題に鋭敏な感覚をもっていたことを、この文章を引き合いに出して自慢したものだ。

経済成長至上主義への批判や環境問題への鋭敏な感覚などは、いまでは珍しくもないので、読者にもあるいは出版当時の『ゆたかな社会』の意義がよく伝わらないかもしれない。だが、経済学の本で半世紀以上も読み継がれているものはほとんどないことも事実である。彼ほど巧妙に通念と呼んだ経済学の基本前提（消費者主権）に疑問を呈し、依存効果が働く限り社会的アンバランスの問題が必然的に生じるということを、華麗な文体で暴露した者はいなかったのだ。

「新しい階級」と格差

　ところで、『ゆたかな社会』は1998年の決定版まで版を重ねたので、改訂のたびに少しずつガルブレイスの筆が入っている。私が目にとめたのは、後ろのほうに追加された「新しい階級」についての章である（決定版の邦訳では、第23章「労働、余暇、新しい階級」として収録）。とくに、「新しい階級」という言葉は、のちの著作とも関連があるので、簡単に説明しておこう。

「新しい階級」とは、いつの時代にもいた、いわゆる「有閑階級」とは違う。例えば、ガルブレイスがアメリカ制度学派の先駆者として終生尊敬していたソースタイン・ヴェブレン（1857〜1929年）は、「顕示的消費」（見せびらかす消費の意味だが、ヴェブレンは、「有閑階級」とは、そのような消費行動によってみずからの富や社会的地位と他の人々のそれとの「差異」を強調しようとする一種の特権階級であると述べている。1899年に出版されたヴェブレンの主著『有閑階級の理論』は、いまでは読みやすい邦訳が出ている。村井章子訳、ちくま学芸文庫、新版、2016年）を「有閑階級」の特徴として描いた。

　ところが、現代の「新しい階級」は、単に労働を免除された「有閑階級」なのではなく、労働の「異質性」から生まれてくるものである。ガルブレイスによれば、いまでも、ある種の労働は苦痛であり、不愉快であり、肉体的にも精神的にも多くのストレスの原因になっている。「しかしそれでも労働は人を疲れさせ、単調で、せいぜいのところ、これといったたのしさを与えるものではない。労働の報酬は仕事にあるのではなく、給料にある」と（『ゆたかな社会』邦訳、396ページ）。賃金が労働に対する報酬だという考え方は、古典派から新古典派の時代まで共通である。だが、ガルブレイスは、苦痛をもたらす労働とは違って、現代では、「威信」（他人から尊敬されること）が仕事上の満足をもたらす源泉であるような仕事があるという。例えば、「広告人」「実業界の大立者」「詩人」「大学教授」など。彼らは、報酬の多少によらず、最善の仕事を成し遂げるはずだと期待されているはずだと。

ガルブレイスは、過去150年間に「新しい階級」の人口が非常に増えたと考えているので、その生態をもう少し解剖しようとする。

「過去におけるあらゆる階級的な行動がそうであったように、新しい階級も自己の永続化を強く求める。この階級の子孫は、多額のかねをもうけるための生活設計はしないものと期待されている。（実業界に入る者は例外である。実業界では所得が威信の唯一の指標であるという少なくとも一部の理由があるからだ。）そして新しい階級の子供たちは小さい頃から、満足の得られるような職業――労働ではなくてたのしみを含んでいるような職業――をみつけることの重要性を念入りに教えこまれる。新しい階級の悲しみと失望の主な源泉の一つは、成功しえない息子――退屈でやりがいのない職業に落ち込んだ息子――である。こうした不幸に会った個人――ガレージの職工になった医者の息子――は、社会からぞっとするほどのあわれみの目でみられる。しかし新しい階級はかなりの防衛的な力をもっている。医者の息子がガレージの職工になることは稀である。たとえ彼がどんなに不適格であろうと、彼はほそぼそとながらも何とか自分の階級の中にすれすれに生きることができるだろう。そしてたとえ彼がセールズマンや投資相談役として、自分の仕事にほとんどたのしみを見出さないとしても、彼が新しい階級の一員であることを肯定するために、自分の仕事はたのしいと主張するものと期待されているであろう。」(『ゆたかな社会』邦訳、397〜398ページ)

単に労働の報酬としての賃金ではなく、自分の仕事に「優越感」を感じるという意味での「新しい階級」が増えれば、GDPの大きさや経済成長率の高さをひたすら目指す通念の基盤が崩れていくことは想像に難くない。ガルブレイスの『ゆたかな社会』は、先にみてきたように、ある程度の豊かさが実現した社会での依存効果の威力や、それが生み出す社会的アンバランスの問題に切り込んだ名著だったが、そのような社会の行き着く先が、「新しい階級」の台頭した、いわば「格差社会」だという示唆は重要である。

もちろん、ガルブレイスは、格差社会という言葉は用いていない。だが、「新しい階級」が世襲されていくという認識は確かにある。「彼は自分の子供たちの教育と教化についてはただ一つのことしか念頭にない。それは所得を極大化すべしということではない。それはとんでもないことだ。彼が何より欲するのは、子供たちが面白くてやりがいのある職業につくことである。そしてこの点で子供たちがその学識ある両親を模範にするであろうと彼は思っているのだ」と（『ゆたかな社会』邦訳、403ページ）。

『ゆたかな社会』の初版は、何度も書いたように、1958年に出版されたのだが、1998年の決定版がこのような言葉で終わっているのは、彼の思考が豊かな社会の解剖を超えて、今日よくいわれるように分断化された社会の実態の暴露へと向かっていた証左ではないだろうか。私たちは、のちの章にて、この問題を取り上げることにしよう。

ガルブレイスは第35代アメリカ大統領、ジョン・F・ケネディ（1917～63年）と親しく、その政権下で駐インド大使を務めた。写真は1961年、訪米したインドのネルー首相をアンドルーズ空軍基地で迎えるケネディ、ガルブレイス、ジョンソン副大統領（当時）ら。
写真/Getty Images

第3章　大企業体制の光と影

ガルブレイスとケネディ

私はすでにガルブレイスの『ゆたかな社会』が今後も20世紀の古典として読み継がれていくだろうと述べた。この見解に変わりはない。だが、ガルブレイスの経済思想をもう少し深く理解するには、1960年代に書かれた『新しい産業国家』(初版は1967年)に触れずにおくことはできない(以下、日本語版は、1978年に出た第3版の邦訳を利用する。都留重人監訳、ガルブレイス著作集3、TBSブリタニカ、1980年)。というのは、『新しい産業国家』において初めて、ガルブレイスによる大企業体制の全貌が解剖されたからである。

しかし、本題から逸れるが、その本の内容を紹介する前に、ガルブレイスが1960年のアメリカ大統領選挙で民主党候補者となったジョン・F・ケネディ(1917〜63年)を積極的に支持していたことを伝えておきたい。ケネディは当選して第35代アメリカ合衆国大統領となったが、当選したあと、ガルブレイスをどのように処遇するかが問題になった。大統領に公式に経済政策について勧告する役職としては経済諮問委員会委員長の職があったが、この職には、紆余曲折はあったものの、結局、ミネソタ大学教授の経済学者、ウォルター・W・ヘラー(1915〜87年)が就いた。ヘラーは、ポール・A・サムエルソンが説いた「新古典派総合」の熱心な支持者だったから、ガルブレイスのような異端派とは相容れないはずだった。ケネディも、それを承知していたのか、ガルブレイスを駐インド特命全権大使としてインドへ赴任させることを選んだ。

だが、ケネディは、大統領に就任する前から暗殺されるまで、ガルブレイスと手紙のやり取りをしていた（『ガルブレイスのケネディを支えた手紙』〈谷村武訳、TBSブリタニカ、1999年〉。両者の手紙のやり取りをまとめた本を読むと、ガルブレイスが、大きく分けて、政治、経済、外交の三分野にわたる自分の見解をケネディに書き送っていたことがわかる。ガルブレイスが、ケネディ民主党政権の経済運営を任された経済諮問委員会の勧告に必ずしも賛成していない文章を読むのはある意味で痛快ではあるが、彼が経済諮問委員会の支柱であったサムエルソンの新古典派総合に与していなかったことを考えれば、決して推測不可能ではない。

たしかに、ガルブレイスがケネディと懇意にしていたというのは間違いではないが、ケネディは彼を経済諮問委員会の委員長に指名するほどの「大胆さ」は持ち合わせていなかった。私は、もしガルブレイスが委員長ポストを提示されたらかなりの確率で受諾したのではないかと推測しているのだが、それは『回想録』の文章やその行間ににじみ出ているように思われる。

「ケネディは、私を自分の政府に入れることは喜んだが、しかしそれもインドぐらいの、適当な距離を置いての話であった。そのくらい離しておけば、今やいろいろな点ですこぶる旗幟鮮明な私の経済学説と同一視されすぎる心配がなかったから。彼の大統領候補指名獲得後の最初の記者会見でも、ケネディと民主党は『ゆたかな社会』の思想を信奉するものと考えていいかという質問が出た。ケネディはそれを、まことに見事にかわした。選挙の数日後、ケネディは、シュレジンガーをつかまえて、私に大統領諮問委員会の委員長になる気があるだろうかと尋ねたので、シュレジンガーは、ガルブレイスなら、インドの方に気があると答えた。シュレジンガーの後日の話によると、ケネディは、それを聞いて、決してがっかりなどしなかったそうである。」

(『回想録』邦訳、400ページ。ただし、「シュレシンジャー」は「シュレジンガー」で置き換えた)

ガルブレイスの『新しい産業国家』の初版が出版されたのは1967年だったが、その頃は、資本主義(市場経済)vs社会主義(計画経済)という図式が典型的に当てはまる冷戦時代だった。もっとも、資本主義といっても政府が重要な分野で経済管理をおこなっている「混合経済」であり、社会主義でも一部は市場が利用されることもあったのだが、そのような対立の図式は、ベルリンの壁の崩壊まで続いた。『新しい産業国家』を理解する鍵は、大企業による「計画化」なのだが、ガルブレイスはその本を主にアメリカ経済を観察して執筆したものの、大企業が支配する「計画化体制」は、程度の差はあれ、資本主義にも社会主義にも等しく出現するだろうと予測していた。そのような予測は、最終的には、ベルリンの壁の崩壊によって裏切られることになるのだが、ガルブレイスが「計画化」に込めた意味を理解しないと、『新しい産業国家』は読みにくい。

大企業体制とテクノストラクチュア

ガルブレイスは、大企業が「計画化」を必要とするのは、現代の技術がそれを要請しているからだと捉えている。すなわち、生産工程が長期化し、その間、多額の資本金や専門化した人的資本が必要になってきたが、最終的に、完成された製品が市場に現れたとき、大量に売れ残ることはなんとしても回避しなければならない。「計画化」とは、このような市場の不確実性の問題に対処するために必要となるが、そのための手段が、大企業の掌中にある「管理価格」「消費者需要の操作」「内部金融化」なのである。

第一に、大企業は、独占企業には及ばないにしても、市場価格に対する相応の支配力をもっている。ガルブレイスが、市場価格への支配力を一切もっていない完全競争モデルがアメリカ経済の実態といかに大きく離れているかを批判し続けたことはすでに触れたとおりである。第二に、『ゆたかな社会』で詳述されたように、ガルブレイスは、大企業による「依存効果」の行使が新しい欲望を創造し、消費者需要を操作していることを強調していた。第三に、大企業は内部留保を積み上げることによって新しい投資のための資金を内部で調達し、金融機関などの外部からの干渉を排除しようと努めているのである。

『新しい産業国家』は、この意味での「計画化」の担い手を「テクノストラクチュア」と名づけたが、彼らは、「資本」の所有者である資本家ではなく、単に「経営」を管理している経営者でもなく、大企業内部という「組織」のなかでの専門家集団だという主張で注目を浴びた。だが、「テクノストラクチュア」は、名前のみ有名で、ガルブレイスがその言葉で何をいいたかったかは必ずしも正確に伝わっていないように思われる。「専門家集団」とは、大企業のどれくらいの範囲までの人々を包括しているのだろうか。再確認しておくと、ガルブレイスは次のようにいっていた。「その範囲は、法人企業の大部分の上級職員から始まり、その外縁では、命令や日常業務に多かれ少なかれ機械的に従う機能をもつ事務および筋肉労働者のところまで広がっている。それは、集団による決定にたいして専門化した知識、才能あるいは経験を提供するすべての人びとを包摂しているのだ。企業を指導する知性、すなわち企業の頭脳をなすのは、この広い範囲の集団であって、経営陣の小集団ではない」と(『新しい産業国家』邦訳、98ページ)。

この範囲はさすがに広過ぎるように思える読者も少なくないだろうが、ガルブレイスの真意は、「テクノストラクチュア」が「組織化された諸能力」を備えていることを強調することにあったのではないか(『新しい産業国家』邦訳、80ページ参照)。封建時代には「土地」を所有していた者が「支配力」を握っていたが、その「支配力」は、産業革命以来「資本」を所有している者に移った。ところが、現代は、「組織」を握っている者が「支配力」をふるう「計画化」の時代だというのである。ガルブレイスは、次のようにいっている。

「かつては土地について、さらにその後資本についてもそうであったように、支配力というものは、入手するのが困難で、費用がかかり、さらには不確かであるようなものに宿るのである。したがって、現在支配力が存在しているのは、組織、すなわち組織化された諸能力なのである。われわれの次の仕事は、企業や社会における支配力のかかる新しい焦点について、一段と掘り下げた検討をすることである。」（『新しい産業国家』邦訳、80ページ）

「テクノストラクチュア」が「組織化された諸能力」を体現しているならば、彼らの行動の動機づけはどのようなものなのだろうか。資本家が支配力を握っていた時代ならば、企業は「利潤最大化」という明確な目標があったので、「利潤＝収入－費用」が最大になるように生産要素（労働や資本など）の投入を組み合わせればよかった。現在でも、経済学の初歩的な教育では、そのような企業行動のモデルを教える。企業が存続していくには、もちろん、最大ではなくとも、ある一定限度の利潤は必要だが、ガルブレイスも、その点は決して否定しない。しかし、「計画化」の時代には、「テクノストラクチュア」は、組織の目標をすすんで自分の目標として受け容れるという意味での「一体感」や、自分の目標を組織の目標に近づけたいという期待感をもって組織に参加するという意味での「適合」のほうをより重視するようになるという（『新しい産業国家』邦訳、220ページ参照）。それゆえ、「テクノストラクチュア」は、「最低限の収益」さえ確保されるならば、「売上高ではかって、会社の最大可能な成長率を達成すること」を目標とするようになるだろう（『新しい産業国家』邦訳、239ページ）。

大企業が売上高で測って最大成長率を達成することに成功すれば、「テクノストラクチュア」の支配力がそれだけ拡大することを意味するので、彼らの「自主性」が侵される心配はない。さらに、『新しい産業国家』が刊行された1967年は、世界的にも「経済成長の時代」だったから、企業の最大成長率を追求する大企業の目標は、一国の経済成長率の増大を求める社会的目標と相性がよい。ガルブレイスは、これを「一貫性の原則」と呼んで、次のように続けている。「経済成長くらい強く公言された社会的目標はない。社会が成功しているか否かの判断基準として、国民総生産の年間の増加くらいほとんど異論なしに受け入れられているものはない」と（『新しい産業国家』邦訳、241ページ）。

かくして、「テクノストラクチュア」は大企業の成長率を最大化することを目標にするのだが、ガルブレイスによれば、さらには、それを国民経済全体の目標としても定着させるために社会全体の意識操作まで試みるようになるという。これが、大企業と国家が一体となった一つの管理社会、すなわち、ガルブレイスの「新しい産業国家」なのである。

文明批評家としてのガルブレイス

『新しい産業国家』を初めて読んだとき、ガルブレイスが正統派の完全競争モデルが現代のアメリカ資本主義の現実といかに離れているか、そして「所有と経営の分離」をはるかに超えて「テクノストラクチュア」なる専門家集団が大企業の主導権を握っていることを実に鮮やかな筆致で描いているのに感心したものだが、同時に、狭い意味での経済理論家にはおさまり切らない彼の才能が「文明批評」か「未来予測」とでも呼びたいような領域に向かうとき、期待感とともにある種の不安も感じたことを正直に告白しなければならない。もちろん、いずれ後ろの章で取り上げることになるだろうが、ガルブレイスは文明批評家としても十分に優れた仕事を残している。だが、あまり他の人が触れていないので敢えて問題にしたいのは、『新しい産業国家』を出版した頃のガルブレイスが、アメリカもソ連も、あるいは資本主義体制も社会主義体制も、大企業と国家が一体となったという意味での管理社会に収斂していくのだとはっきりと述べていたことである。

問題の箇所はあとで読んでもらうが、当時、両体制収斂論というのはガルブレイス一人の独創ではなかったことを再確認しておきたい。拙著『経済学者の勉強術　いかに読み、いかに書くか』（人文書院、2019年）で書いたように、私は社会学者の清水幾太郎（19

07〜88年）と付き合いがあり、清水氏が訳した、ヤン・ティンベルヘン（1903〜94年）の『新しい経済』（岩波新書、1964年）その他を知っていた。[*1] ティンベルヘン（英語読みで「ティンバーゲン」と発音することも多いが）は、計量経済学の先駆的業績によってノーベル経済学賞を受賞したオランダ人である。そのティンベルヘンが類似の両体制収斂論を書いていたのだから、当時はとくに珍しくもなかった説だといってよい。だが、のちに社会主義体制がベルリンの壁の崩壊以降雪崩を打って崩壊していったように、ガルブレイスが注目した「計画化」の意味は、資本主義と社会主義では明らかに異なっていたのではないか。

1960年代のアメリカは、純粋な資本主義ではなく、必要な分野で政府による経済管理が導入された「混合経済」になっていた。この点は前にも指摘したとおりである。だが、「混合経済」ではあっても、生産手段が私有されていたという意味では、紛れもなく資本主義であり、資本が最大の利潤を求めて自由に可動するのがその本質であった。それゆえ、技術の要請する「計画化」は大企業内部ならまだ話はわかるが、それを経済全体にまで拡大解釈するのは誤解を招きやすいだろう。対照的に、社会主義ではこの利潤動機が働かないので、「計画化」を経済全体にまで拡大するのは決して困難ではない。というよりも、そもそも、社会主義はそういう体制を目指していたはずであった。ただし、その場合、経済合理性のない「計画化」があらゆる分野に拡張され、制度の硬直性を招く危険があるが、ここでは、その問題は措いておく。要するに、ガルブレイスが両体制における「計画化」の意味を少々踏み違えていたのではないか、さもなくば敢えて誤解を招くが正統派にショックを与えるような「計画化」という言葉を選んだのではないかと言いたいのである。

計画化強調のなぜと市場の軽視

以上のような異議申し立てをあらかじめ頭に入れながら、ガルブレイスのいうことを聞いてみよう。

「こうして、見かけ上異なる二つの計画化体制は、実はあらゆる基本的な面で互いに接近しつつあるのだ。これはきわめて結構なことである。時がくれば、そして多分想像されるよりずっと早く、和解しがたい差異に基づく避けがたい矛盾という考え方を捨てることになるであろう。もっとも、このことは、すぐには合意は得られないだろう。マルクスはこうした収斂を予見しなかったが、解釈を弾力的にすることにより、彼はすべてを見通す、驚くべき、ほとんど超自然的といってもよい力をもっていたとされている。自由世界の側にもこれに似た聖職者的信仰があるのであって、それによると、自由企業の進化がどのようなものであろうとも、それが社会主義に類似するなどということは絶対に考えられないというのであり、この信仰が、自由世界と共産主義世界のあいだの、そして自由企業と共産主義とのあいだの和解しがたい深淵について語る者の支えとなっているのである。しかし、この種の考え方は、いずれも、事実を前にしては長くは維持できないだろう。ますます多くの人から時代おくれとみなされながら、なおかつ頑強に自己の立場を固執しうるのは、イデオロギーにこり固まってしまっている人物か、あるいは最も熱烈なプロパガンディストのほかにはいないだろう。虚栄心は、知的近代化にとっては大きな力である。」(『新しい産業国家』邦訳、527ページ)

だが、ベルリンの壁の崩壊から30年以上もの時間が経過した現在、もはや誰も両体制収斂論をそのままの形で支持しないだろう。「テクノストラクチュア」が掌握した支配力と彼らによる「計画化」の遂行を強調するあまり、ガルブレイスが市場の論理を軽視する方向に傾いたことは否めない。そのような傾向が、反トラスト法の強化と執行によって市場メカニズムを回復させようとする正統派の産業組織論を軽くあしらう発言となって現れたと考えるとわかりやすい。

現代における反トラスト法の有効性

第1章で述べたように、私は、GAFAに代表される巨大IT企業の支配力がきわめて大きくなった現代では、反トラスト法の役割はもっと積極的に肯定すべきだと考えている。アップルやマイクロソフトなどは、もともと、小企業からイノベーションによって大企業へとのし上がってきたが、いったん、大企業の地位を確立してしまうと、ときに競争制限的な市場行動をとる傾向が散見されたからだ。実際、スティグリッツのような現代の著名な経済学者は反トラスト法の強化を主張しているし、そのことが「リベラル」の証だと目されている。ところが、弱き者を守るのが「リベラル」の定義だと常々いってきたガルブレイスが、反トラスト法などは「ジェスチュア」に過ぎないと切って捨てているのである。私はあるとき誰かに、「ガルブレイスがどこでそういっているのか」という質問を受けたのを覚えているが、もちろん、『新しい産業国家』に出てくることはいうまでもない。

「成熟した法人企業は市場を――価格だけでなく、購買されるものまで――支配下においた。しかもその目的は独占のためでなく計画化のためである。規制された価格はこの計画化のために必要なのだ。そして計画化自体が計画化体制にとって本質的なものである。そこで、反トラスト法は、市場の維持を図る点で、産業計画のいっそう大きな世界では時代錯誤である、という結論にならざるをえない。それによって市場が守られるのではない。むしろそれは、市場についての幻想を保持させる。過去においては、反トラスト法を批判する人はしばしば、何か背後に利害関係をもっているのではないかと疑われたものであり、時にはこの種の嫌疑にそれなりの根拠があったのである。すなわち、反トラスト法にもとることをしようとする下心があって同法を批判したとか、または、そういう下心のある人の弁護論者――報酬を受けたかどうかは別として――であったとかいう場合が、それである。ところが現在では、反トラスト法の味方の人が実は、ほとんど常に無意識にではあるけれど、別の目的に奉仕することとなっている。すなわち彼は、巨大法人企業の産業計画およびそれに伴う価格管理という現実をかくすことに役立つジェスチュアを弁護し、かつそれに正当性を付与して

いるのだ。」(『新しい産業国家』邦訳、272ページ。傍点は引用者)

ガルブレイスの文章は、現代の読者にはいくらか誤解を招くように思える。現代経済学を学んだことがあれば、反トラスト法を批判し続けたのは、ミルトン・フリードマンやジョージ・J・スティグラー(1911〜91年)などのシカゴ学派の経済学者たちであり、彼らはリベラル派が「保守派」、ときには「反動的」と呼んで批判してきた人たちだからだ。第1章で述べたように、1960年代に正統派であった産業組織論では、SCPパラダイムが支配的で、なかでも、市場構造が競争的か独占的かという違いは、市場成果に大きな影響を及ぼすと考えられていた。もちろん、SCPパラダイムは、できる限りの競争的な市場構造を支持していたがゆえに反トラスト法の適切な適用を支持していたのだが、それに対抗する形で出てきたのが、シカゴ学派の「独占擁護論」ともとれる考え方である。かいつまんでいえば、もともとは小さな企業が優れた経営管理や技術開発などによって市場競争を勝ち抜き、大きな企業に成長してきたのだから、それを反トラスト法の厳格な適用によって無理やり企業分割などを命じるのはかえって効率性を犠牲にするという主張である(詳しくは、ジョージ・J・スティグラー『小さな政府の経済学　規制と競争』余語将尊・宇佐美泰生訳、東洋経済新報社、1981年を参照のこと)。

ガルブレイスは、反トラスト法を「ジェスチュア」だと切り捨てたことによって、図らずも自分が嫌ってきた「保守派」や「反動的な」経済学者の立場と見かけ上は同じになってしまったのだ。学問にはたまにこういうことがあるものだ。完全競争モデルが現実から遠く離れていることはわかるにしても、リベラルで制度学派的な傾向がある経済学者であれば、例えば、ジョン・モーリス・クラーク(1884~1963年)のように、「有効競争」(完全競争を実現することは不可能でも、市場構造ができるだけ独占や寡占などに近づかいない程度の、いわば「中庸」の概念)を考案する方向に行きそうなものだが、目立ちたがり屋のガルブレイスにとって、そのような折衷説は受け容れがたいものだったのかもしれない。第1章で触れたように、彼が「計画化体制」のみに偏っていた『新しい産業国家』の不備を自覚し、それを「市場体制」との二本立てで経済システムを考察するようになるのは、『経済学と公共目的』以降のことであった。

審美的次元とは?

しかし、もちろん、ガルブレイスとシカゴ学派は、反トラスト法に対する見方は似通ってはいても、その根本的思考は異なる。その違いは、本書を読み進めるにつれて次第に明らかになってくるだろうが、『新しい産業国家』のなかにも、やはりリベラル派としてのガルブレイスの特徴がよく出ている主張がみられる。その一つが、『ゆたかな社会』に登場した環境問題への関心の延長線上にある主張である。すなわち、「計画化体制」では大企業に都合のよいものが優先される反面、「審美的次元」が犠牲にされるというのである。

「審美的な目標は、景観よりも動力線を、自然の河川や国立公園より水力開発を、都市空間より高速道路を、自然の山々より鉱石採取を、歴史の雰囲気を残す広場より現代的なショッピング・センターを、そして地上の静寂より高速の空の旅を、それぞれに求める要求と競合する。」(『新しい産業国家』邦訳、471ページ)

もっとも、ガルブレイスは、『新しい産業国家』の初版を出した頃と比較すると、版を重ねるごとに環境意識はかなり改善されていったと述べているが、現代でさえ、産業活動を維持する勢力が環境問題への配慮を押し殺している国はいくつもあるように思える。その意味では、「審美的次元」にこだわる価値は十分にあるだろう。

1960年代の日本は、前にも触れたように、「高度成長の時代」だった。もちろん、その過程には、水俣病やイタイイタイ病などの公害問題のように「成長の対価」というべき現象が各地で顕在化しつつあった。だが、この時代は、世界的にみても、「環境」よりは「成長」を追求していたといってよい。それだけに、より多くのGDPや成長ではなく、将来は環境に配慮した「審美性」が重視されるだろうというガルブレイスの見解は先見の明があったと思う。

「長いあいだ、議員を一期つとめて次の期を志す政治家は、自分たちの功労の尺度として、その選挙民が最初のときより裕福になったかどうかということを考えてきた。もし豊かになって、窃盗などもみられなくなっていれば、彼らは当然再選されて然るべきだと考える。しかしこれは、最低の政治家にとってさえ落第しようのない試験のようなものである。聡明な者も愚鈍な者も、勤勉な者も怠け者も、すべて、通常の場合、彼らの努力とは無関係な産出高増大の流れに乗ってきたのである。

審美的次元は、新しく、かつはるかにむずかしい試験を課すようになる。このことは、任期を終えた市長、州知事、ホワイトハウスの大統領、ダウニング街10番地の首相、彼らすべてが、市や州や国を以前より美しくして去ったかどうかを問われるということを意味する。この試験はやさしいものではない。この世紀で、合格できた著名人は一人もいない。誰もが落第するという事実が、逆に、審美的次元を重要でないとするいま一つの理由となっているのだ。誰しも、確実に失敗する試験を好みはしない。しかし、進歩的な社会は、いつかは、生産による試験などというやさしすぎるものではなく、審美的業績の試験を自らに課すようになるだろう。」（『新しい産業国家』邦訳、477〜478ページ）

スリリングな『新しい産業国家』と成熟した『経済学と公共目的』

『新しい産業国家』は、私の評価では、多くの欠陥がありながらも、ガルブレイスの作品のなかで最もスリリングな一冊である。というのは、その本が経済学界内部で大きな論争を巻き起こすような形で書かれており、実際にそうなったからである。「テクノストラクチュア」が主導権を握る大企業体制が、資本家や金融機関などを押しのけて国家の政策にまで影響を及ぼすという図式は明らかに「極論」であり、現実を多分にデフォルメしたものである。ガルブレイスがそのような書き方を選んだのは、いまだに市場メカニズムの経済分析が中心の正統派にショックを与えるためだったに違いない。もっとも、その目論見が成功すればするほど、正統派からの反撃も鋭くなり、著名な経済学者たちを巻き込んで一大論争へと発展していった。だが、その詳細は、以前の拙著『ガルブレイス　異端派経済学者の肖像』（白水社、2016年）を参照してほしい。

ところで、前に触れたように、ガルブレイスは、『新しい産業国家』が「計画化体制」の特徴をつかむことに集中するあまり、「市場体制」を蔑ろにしているという批判を考慮して、のちに『経済学と公共目的』と題する本を書いた（久我豊雄訳、河出書房新社、1975年）。これは、ガルブレイスの膨大な著作の中でとくに人気の高い本ではないのだが、「計画化体制」と「市場体制」の両方を視野に入れた、バランスのとれた経済体制論として読むことができるので、スリリングではないものの成熟度の高い本として評価してもよいのではないだろうか。そこで、次の章では、『経済学と公共目的』のねらいとその評価を試みることにしたい。

＊1　その主張は、次の論文のなかにもっとストレートに出ている。

Jan Tinbergen, “Do Communist and Free Economies Show A Converging Pattern?,” *Soviet Studies*, vol.12, no.4 (April 1961)

第4章　「公共国家」は実現しうるか

ガルブレイス三部作

『経済学と公共目的』が、「計画化体制」の解剖に偏った『新しい産業国家』への批判を考慮し、「市場体制」にも目配りした経済体制論という特徴をもっていたことは前に触れた。ガルブレイスの経済学は、『ゆたかな社会』と『新しい産業国家』と『経済学と公共目的』という三部作を中心に評価しなければならないが、この三部作の位置づけについては、ガルブレイス自身が、『経済学と公共目的』の「まえがき」において次のように述べている。

「この本は、まえに書いた2冊の本——『ゆたかな社会』と『新しい産業国家』——のあとを受けた、いわばその延長線上の終点である。もう一つの本——『アメリカの資本主義』——から尾を引いているところも、それほど多くはないが、いくらかある。こんどの本のさきがけとなった2冊は、どちらも経済体制の一部を対象としたものだったが、この本は全部ひっくるめて、経済体制の全体像を描き出そうとしている。前の2冊は主として、巨大企業の世界を——既成経済学ないし新古典派経済学がこれまでとりあげたことのない、経済の決定的部分を——問題としたものだった。だが、それとはまた違った別な世界——農民、修理業者、小売り業者、小工場主、鉛管工、テレビ修理業者、サービス・ステーションの経営者、開業医、画家、女優、写真家、ポルノグラファーなどの世界——もある。こうした職業を全部合わせると、それだけで、われわれが現に使用しているもの、消費しているものの、およそ半分を提供していることになる。こんどの本は、そうした二つの世界を合わせた全体の姿に照明をあてようとするものである。経済学では——解剖学の場合と同じように——全体は単なる部分の合計ではなく、もっとそれ以上のものである。部分同士が互いに力になりあう場合でも、あるいは足をひっぱりあう場合でも、あるいはまた、いっしょにいるだけで違ったかたちのものになる場合でも、この事実に変わりはない。もうひとつ、これはそれほど重要な点ではないが、前の本はどちらも、いわば国内経済の水ぎわで議論がストップしているのに反し、こんどの本はいちおう国際的な仕組にも説き及んでいる。」(『経済学と公共目的』邦訳、2~3ページ)

だが、「巨大企業の世界」(つまり「計画化体制」)は、『新しい産業国家』において詳細に解剖されたので、残るは「市場体制」ということになる。「市場体制」とは、基本的には、支配力を少しももっていない多数の小企業からなる完全競争モデル（つまり新古典派経済学）が適用される世界である。その意味では新味はないはずだが、異端派ガルブレイスの筆はときに教科書的ではない描き方になっていく。つまり、小企業は、大企業と比較して、資金面でも技術面でも劣っており、そこで働く労働者の待遇もよくない。そのような不平等な条件のなかで、それでも「市場体制」が競争しようとするならば、みずからの待遇を自主的に犠牲にするという意味で「自己搾取」を余儀なくされるに違いない。しかも、それが、大企業にとって「つごうのよい社会的美徳」によって支えられている、というのがガルブレイスの見解である（『経済学と公共国家』邦訳、112〜113ページ参照）。

ガルブレイスは、現代資本主義を動かしている中心に「計画化体制」が位置していると認識している点においては、『新しい産業国家』のときと変わらない。だが、支配力や交渉力や収益力において「計画化体制」よりもはるかに劣っている「市場体制」を併置すると、現代資本主義の景色はずいぶん違ってくる。つまり、「計画化体制」が中心の国民経済の成長という図式と違って、「計画化体制」が「市場体制」の犠牲のもとに「不均等発展」していくというヴィジョンが生まれる。ガルブレイスは、次のようにいっている。

「市場体制下の経営者と労働者は、計画化体制下の、それに見合った技能にたいする報酬よりも安い報酬で、生産物やサービスを供給しつづける。しかもこれは、いつまでも続く条件なのである。そうなってくると、計画化体制と市場体制とのあいだには、平等化への傾向はみられず、不平等が基本的な傾向だということになる。数字がそのことを端的に示している。1971年、製造業のなかでも大企業体制をとるものが特に多い耐久財製造業では、一時間当りの報酬は平均3ドル80セントだった。これにたいして、市場的要素がかなりある（衣服その他の）非耐久財の製造業では3ドル26セント、市場体制に強いつながりをもつサービス業では2ドル99セントだった。さらに、市場体制もまた強力な足場をもっている小売業では2ドル57セント、市場体制の性格が最も濃厚な農業では1ドル48セントだった。もし経営者や企業家の所得を、賃金労働者の所得とつきまぜるならば、その開きがさらにははなはだしいものになるのは、いうまでもない。

計画化体制と市場体制との関係、その不均等な発展の仕方、前者による後者の搾取、そこから生まれてくる収益の不平等——こういったものは現代経済の主要な特徴であり、したがってまた、本書の主要な関心の対象である。」（『経済学と公共目的』邦訳、

計画化体制と市場体制という二分法の妥当性

現代経済を二部門からなる体制として捉える思考法は、ケインズの『一般理論』（つまり、有効需要の原理）の同時発見者として知られるポーランドの経済学者、ミハウ・カレツキ（1899～1970年）以来のものなので、とくに珍しくはない。カレツキは、価格決定を念頭に置いて、価格が主に「費用」によって決定される製造工業品と、価格が主に「需要」によって決定される農鉱産物という二分法を提示したが（前者は一定の生産費で十分に供給余力があるためにそうなり、後者は供給が非弾力的つまり供給余力がほとんどないためにそうなる）、見かけは違っていても、いろいろな装飾品で飾れば、前者は「計画化体制」、後者は「市場体制」に対応していることはすぐにわかる。実際、ガルブレイスは、若い頃からカレツキと懇意にしており、彼から多くを学んだことを認めている。

そのような二分法は古いのかといえばそうともいえない。最近の話題作に、ピーター・テミン著『なぜ中間層は没落したのか　アメリカ二重経済のジレンマ』（栗林寛幸訳、慶應義塾大学出版会、2020年）があるが、テミンは、アーサー・ルイス（1915～91年）のモデルにある「資本制生産部門」と「生存水準部門」の区別にヒントを得て、現代経済を「FTE部門」（金融のF、先端技術のT、エレクトロニクスのE）と「低賃金部門」に二分し、1970年以降、FTE部門の豊かさと低賃金部門の貧しさという経済格差が拡大しているという見解を述べている。ルイス・モデルの影響を受けているとは公言していないにもかかわらず、FTE部門が低賃金部門を犠牲にしてアメリカの民主主義を牛耳っているという図式は、「計画化体制」が「市場体制」を犠牲にしながら「不均等発展」を遂げるというガルブレイスのそれに類似している。だが、現代経済の二部門モデルは、ほかにもありそうなので、これがとくに独創的であるということはないと繰り返しておきたい。

国境を超える多国籍企業をどうとらえるか

ところで、『新しい産業国家』にはない『経済学と公共目的』の特徴をもう一つ挙げるならば、後者が「計画化体制」のグローバル版ともいうべき多国籍企業をも同じ論理で包摂していることである。すなわち、「国内の計画化が国内市場経済の不確実さに取り組んでいくように、国際体制は、国際取引に特有の不確実さに正面から取組んでいく。この体制は、第二次世界大戦いらいめざましい勢いで発展してきたものだが、こうした意味での延長としてのみ理解することができる」と（『経済学と公共目的』邦訳、231ページ）。
多国籍企業がグローバルに活躍しつつあった1960年代から70年代にかけて、一部のマルクス経済学者や運動家が「アメリカ帝国主義」という言葉をよく使ったものだが、「計画化体制」が国境を超えて他国でも「市場体制」を搾取しているというのを「帝国主義」と呼ぶのならば、ガルブレイスも反対しなかったかもしれない。実際、『経済学と公共目的』のなかには、以下にみるように、「帝国主義」という言葉も登場する。ただし、ガルブレイスは、異端派ではあっても決してマルクス主義者ではないので（強いて言うなら「制度主義者」である）、その言葉の使い方は半ば皮肉であると受け取ったほうがよい。

「超国家的体制の登場とともに、資本、科学技術、有能な人材などはすべて、単一の組織体の権威のもとにおかれることになる。この権威は、国境を越えて広がっていく。顧客や地域社会を説得し、国家から必要な支持を引出す能力についても、同じことがいえる。こうした全世界にわたる支配力は、市場体制にはとても望めない。先進国にはすでに多国籍企業がいくつもあるのに、後進国は依然として市場モデルにしがみついている。そこで超国家的体制が、先進国と後進国との不均等な発展にいっそう輪をかけることになる。
所得への影響も、同様である。計画化体制はすでに述べたように、自分がコントロールしている価格で、売ったり買ったりする。超国家的体制はこの力を、後進国までまきこんで国際化する。後進国の中小企業は、市場に従属するか、それとも、超国家的体制の市場支配力に従属したままである。どちらも、彼らの力ではどうしようもないものである。そのうえ搾取と自己搾取が——国境を越える労働者運動にたいする防壁と相まって——そこから生まれてくる所得の差異を、ますます広げずにはおかない。こうして超国家的体制は、計画化体制と市場体制とのあいだにみられる、所得の不均等を拡大させる傾向をも国際化する。これこそ——もしそうした表現がしたければ——現代帝国主義の素顔である。」(『経済学と公共目的』邦訳、244ページ)
私は「帝国主義」という言葉にこだわる必要はなかったのではないかと思うのだが、推測するに、ガルブレイスは、全体の大部分を「計画化体制」の解剖に割いたがゆえに、その論理を追認しているとか、「反動的」だとかいう批判を受けた『新しい産業国家』のときの反省点を考慮して、「計画化体制」が「市場体制」の犠牲の上に「不均等発展」を遂げるという方向に行ったのではないだろうか。ガルブレイスは、自他ともに認める「リベラル」のはずであった。図らずも「反動的」と批評されたことは、こたえたに違いない。

もちろん、『新しい産業国家』のなかにも、第3章で述べたように、「計画化体制」に馴染まない「審美的次元」の指摘があったし、とりわけ芸術家（その居場所は「市場体制」のなかにある）がその体制とは相容れないという示唆はたくさんあった。だが、では具体的に何をどうすればよいのかという提言はほとんどなかった。しかし、『経済学と公共目的』の第五部は、「改革の一般理論」と題されているので、ガルブレイスがどのようなことを考えていたかを具体的に知ることができる。

「改革の一般理論」と三つの解放 その一「信条の解放」

「改革の一般理論」は、三つの解放という形で展開されている。全部列挙するのはまとまりに欠けるので、私なりに整理しながら見ていこう。

第一は、「信条の解放」である。ここでいう「信条」とは、「計画化体制」にとって都合のよくできているものすべてを指している。例えば、経済学の教育は、市場メカニズムの支配に服している「市場体制」の分析を中心になされているので、現実には「支配力」を握っている「計画化体制」が陰に隠れてしまう。

現代の教育制度でも、「実際の役に立つ」、つまり「計画化体制」にとって必要な学問(「科学」「技術」「経済」「法律」など)は尊重されるのに対して、人文科学は「娯楽用」として軽視されている。例えば、文学や哲学はすぐには「実際の役に立つ」ものではないがゆえに、「計画体制」にとっては必要ないということだろう。

「計画化体制」は、広告その他の「説得方式」を通じて消費者に製品を売り込んでいるが、消費者はその「説得方式」を鵜呑みにしているようでは、いつの日か、とんでもない目に合うかもしれない。それだけ、ガルブレイスの用語を使うなら、「依存効果」は強力であり、「計画化体制」に都合のよい製品を買わされているという現実は否定できない。

さらに、公共政策(規制措置、租税、支出、軍事・外交政策など)も、「計画化体制」の利益にかなうように作成されている。なぜなら、「計画化体制」と行政部門が癒着し、それをもっともらしく擁護してくれる「御用学者」までいるからである。大学には「御用学者」ばかりでなく異端派もいるが、ガルブレイスは、先に触れたように、新古典派を中心とする経済学の正統派も、「計画化体制」の利益にかなっていると考えている。

「計画化体制」が以上の意味での「信条」によって支えられ強化されているとすれば、「信条」から解放されない限り、私たちは本当の意味で自由にはなれないということだ。だが、「信条の解放」は、いかにして可能となるのだろうか。『経済学と公共目的』を読む限り、それは私たちが「公共性の認識」を身につけたときに可能となると言えそうだ。「公共性の認識」とは、簡単にいえば、「計画化体制」の目的と公共目的のあいだには食い違いがあるのを正しく理解することだが、それは経験を通じて学ぶか、直観によって摑むしかないかもしれない。ガルブレイスも、こんなことを書いている。

「社会の指導的階層——銀行家とか、一流の新聞、かくべつ敬意を払われている上院議員といったところ——が説くことには、なにごとによらずまず疑ってかかる必要があるというのは、前世紀の後半から今世紀にかけて、国民の直観といってよいものだった。それは資本家の諸目的を反映するものであり、そのねらいは、すでに富んでいるものをさらに富ませることにある。これが、アメリカのポピュリスト（1891年に結成された人民党の党員たち）の信条だった。それはまた、イギリスやヨーロッパ大陸の、社会主義者や社会民主主義者たちの、動かしがたい信条でもあった。30年代の半ばごろには、アメリカの指導的意見はほとんどこぞって、ルーズベルト大統領とニューディール政策に反対の砲列をしいた。だが、それはとりもなおさずルーズベルトが正しいことを示すものだ、というのが国民の直観的な受け取り方だった。」(『経済学と公共目的』邦訳、119～120ページ)

「改革の一般理論」と三つの解放 その二「女性の解放」

第二は、「女性の解放」である。『経済学と公共目的』が出版されたのは1973年なので、その当時と比較すると、日本でも「女性の解放」も進んだのではないかとも思われるだろうが、2019年12月17日、日経電子版に載った記事によれば、[*1]世界経済フォーラムが調査した各国の「男女平等指数」(「指数は経済、政治、教育、健康の4分野で女性の地位を分析し、総合順位を決めている」)でみると、日本は121位というあまり褒められた状況にはないことがわかる。それゆえ、以下にガルブレイスのいうことも、いまだに「現代的」な問題提起になっているはずだ。

ガルブレイスは、まず、「専門的な託児所の設置」を挙げている。これは、効率性の面でも申し分ないし、費用もあまりかからない。それにもかかわらず、男性中心の家庭制度を壊すまいとする「つごうのよい社会的美徳」によって、十分な託児所が設置されていないのが現状である、と指摘したいのだろう。ガルブレイスは、夫が働き、妻が家庭を守るという保守派の価値観には微塵も意義を認めていなかったが、例えば家庭が崩壊して夫婦が離婚に至った場合、女性が子育てをしながら安心して働くためには、最低でも託児所の設置が必須であるということだろう。

ガルブレイスは、次に、女性が一週間または一年間にどれほど働くかを彼女自身の選択に任せるような環境を整備することを提案している。女性に出産休暇を認めることは改めていうまでもないが、ガルブレイスは、「柔軟性」のある労働時間は、女性ばかりでなく男性にとっても好都合であると指摘している。なぜなら、一週間や一年間の労働時間の決定を「個人の選択」に任せることは、「所得とレジャーとのあいだの効果的な選択」につながるからだ。もっとも、現代日本で問題になっているように、「正規」「非正規」の労働者間で待遇に著しい格差があればどうなるのかという問題はあるが、ガルブレイスはそこまでは指摘していない。

さらに、「テクノストラクチュア」を男性が独占している現状を打破することである。『経済学と公共目的』が出版されてから半世紀近く時間が経っているので、女性の「テクノストラクチュア」も増えているとは思うが、いまだに十分ではないだろう。ガルブレイスは、「テクノストラクチュア」を男性の世界にし、女性がその世界から締め出されているのは、女性を家庭のなかに押し込め、もっぱら世帯をまかなう役割を割り振ることによって、「つごうのよい社会的美徳」に奉仕させるためではないかと疑っているようだ。

彼によれば、この現状を改革するには、「法律による強制」が必要であり、例えば、「計画化体制」のすべての大企業に「労働力全体に占める女性の割合にほぼ比例して、給料の違うレベルごとに女性の進出を認めさせる」べきだという。そういえば、昨今の日本でも、女性役員の増大を目指す「30％クラブ」（「今は10人に1人にも満たない大企業の女性役員の割合を、2030年に30％まで増やすよう、企業に努力を求めていく」）という動きが新聞に紹介されていたが、[*2]加盟企業に義務づけはできないので、目的を達成できるかどうかは定かではない。こうみると、50年近くも前のガルブレイスの提案がきわめて先見の明があったことがわかるだろう。

ガルブレイスは、最後に、女性に「必要な教育を受ける機会」を与えるように提言する。さまざまな教育機関が過去に女性の勉学に対して差別をしてきた事実があるが、その差別がなくなれば、将来、女性が大企業の幹部になれる可能性が開くとともに、「テクノストラクチュア」の上位にある男性も、「法律の強制」によって、女性を採用し続けなければならないという。

ガルブレイスが主張する「女性の解放」は、今日では一部は実現されているが、世界的にみれば、いまだに実現されていない国も少なくない。アメリカにおいてさえ、保守派の抵抗は根強いし、まして『経済学と公共目的』の出版当時は、相当に「ラディカル」な提案と受け取られたかもしれない。彼は、内心、「反動的」と呼ばれるよりは、「ラディカル」という批評のほうを喜んでいたのではないだろうか。

「改革の一般理論」と三つの解放 その三「国家の解放」

第三は、「国家の解放」である。これは、先に触れた「公共性の認識」と深い関係がある。『新しい産業国家』では、「計画化体制」の影響力が国家の政策決定にまで及んでいることが暴露されたが、このような現状をどのように改革すべきかについては、ほとんど言及がなかった。アメリカの政治史に精通していたガルブレイスの目には、共和党が長いあいだ「計画化体制の道具」であったことは明らかだったが、彼が終生支持してきた民主党もその弊害から免れていたわけではなかった。むしろ、共和党政権も民主党政権も、程度の差はあれ、「計画化体制」と「癒着」していたといっても過言ではない。行政府の長としての大統領、そしてその下にいる官僚が「計画化体制」のほうを向いているばかりでは決して「公共性の認識」は広まらないし、「国家の解放」も絵に描いた餅である。

では、議会はどうかといえば、アメリカの上院や下院に議席を有している政治家が「計画化体制」と何の関係もないというほうが例外である。ガルブレイスは、下院の歳入委員会や上院の財政委員会などを例に挙げ、その委員会の構成員たちが「公共性の認識」から最も遠い連中であるときわめて厳しい評価を下している。議員たちが「計画化体制」からさまざまな便宜を図ってもらっている例はあえて触れない。ところが、予想に反して、ガルブレイスは、議会改革を諦めない。彼は、現職の国会議員が「公共性の認識」を共有しない限り再選を禁止すべきだという「ラディカル」な提案をしている。例外を除いて再選されないとすれば、年功序列制（例えば、当選回数を重ねた議員が「大物委員長」へと出世していくこと）に伴う弊害も除去される。ガルブレイスは、このような議会改革こそが大統領や行政府の刷新につながると信じていた。

「実力のある大統領とは、計画化体制の目標とは違った、公共の目標にむかって官僚をひっぱっていく大統領のことである。力のない大統領とは、計画化体制と官僚とが癒着した目標に、膝を屈する大統領である。だが、国家の解放のカギをにぎっているのは、議会である。議会は官僚の片割れではなく、もともと国民の関心にこたえるのが本務である。議会がその気になれば、大統領も公共の利益をはっきり見定めて、これを追求する可能性が生まれてくる。力のない大統領でさえ、この方向へカジをとらざるを得なくなる。しかし、議会の圧力と支持がなければ、まずどんな大統領でも、官僚と計画化体制のいけにえになるよりほかはない。」（『経済学と公共目的』邦訳、343～344ページ）

ガルブレイスの見通しの甘さ

はたして、「三つの解放」は成就するだろうか。二番目の「女性の解放」は、もちろん十分ではないものの、ある程度は進んだ。しかし、日本のように、期待したほど進んでいない先進国もある。問題は、「信条の解放」と「国家の解放」のほうである。現在、「計画化体制」の先頭に立っているのは、ガルブレイスが『経済学と公共目的』を書いたときの製造業ではなく、ＧＡＦＡに代表されるＩＣＴ（情報通信技術）関連の大企業である。それらの大企業は、前の章で触れたように、反トラスト法違反をめぐって、司法省やアメリカ政府と対立することもあるが、私たちの日常生活はGAFAにどっぷり浸っており、その「支配力」がすぐに弱体化するとは考えにくい。それゆえ、「信条の解放」が近い日に実現する見込みは少ないのではないだろうか。「国家の解放」も「信条の解放」と結びついているが、「公共性の認識」を広く社会に普及させるために必要な議会改革が、ガルブレイスが主張するほど、簡単に進むと信じるのはあまりにもナイーブだろう。

私の『経済学と公共目的』に対する全体的な評価は、「計画化体制」と「市場体制」の二本立てで理論を組み立てた点で『新しい産業国家』よりもバランスのとれた経済体制論となっているけれども、「改革」の核心というべき「三つの解放」は理想主義的に過ぎて、実現は難しいというやや厳しいものだ。後年、ガルブレイスも、どちらかといえば、「計画化体制」としての大企業の利害が国家の防衛政策まで動かしている現実を暴くというジャーナリスティックな本を書くようになったが、私は、彼自身も自分の見通しが少し甘かったことを悟ったのではないかと推測している。そういえば、『回想録』にも次のような記述があった。

「『経済学と公共目的』の中で、私は現代産業社会における深刻かつ永続的な矛盾に直面したが、その解決法を示すことはできなかった。公共目的と企業目的とは相反する。そして公衆が公共の利益を主張するために頼みとするのは国家しかない。しかしその国家は、企業の力に左右されるところが大きい。ジェネラル・モーターズや、ジェネラル・エレクトリックや、ジェネラル・ダイナミックスの首脳は、普通の国民や実業家と違って、ワシントンに直接働きかけ、容易に大きな影響を及ぼすことができる。また、それよりももっと微妙な影響力もある。信頼できる世論とみなされるものは、いつの場合も、企業テクノストラクチャーの欲求と利益との反映である。しかも公共の利益の擁護のためには、その企業力の影響下にある政府に頼るほかはない。その矛盾を認識するだけでも、多少の前進だと考えることもできようが、しかし認識だけでは、問題は消滅しない。」（『回想録』邦訳、548ページ）

だが、『経済学と公共目的』、そしてその前の『新しい産業国家』においても、すでに「計画化体制」と軍部との結びつきに対する懸念がところどころ顔を出していることを見逃してはならないだろう。それが次の章のテーマである。

＊1　https://www.nikkei.com/article/DGXMZO53440060X11C19A2EAF000/

＊2　https://www.asahi.com/articles/ASM7L4CMPM7LULFA018.html

ガルブレイスが駐インド大使を務めていた1962年、妻子とアーメダバードのカムラ・ネルー動物公園を訪れたとき。
Pix/Michael Ochs Archives/Getty Images

第5章　軍産複合体の脅威

軍産複合体からの民間部門への影響

前の章の終わりで、ガルブレイスが『新しい産業国家』の頃から軍産複合体の脅威に触れていると書いたが、「軍産複合体」(military-industrial complex) という言葉自体、アイゼンハワー大統領の退任挨拶（1961年1月17日）のなかに出てくるのだから、認識としてはもっと前からあっただろう。だが、「計画化体制」との関連で軍産複合体の存在が明確に意識されたのは、『新しい産業国家』を執筆する頃だったのではないだろうか。

しかも、厄介なのは、軍産複合体が民間部門にも大きな影響を与える技術革新の源泉にもなっているという実態であった。彼はこの点を掘り下げていないが、それを示唆する文章はところどころ存在している。例えば、彼は次のように書いている。

「……支出であれば何でもが、軍備のためであろうと、保健、住宅あるいは大気汚染の制御のためであろうと、需要増加に貢献することは確かだが、すべてのものが技術開発の支援という点で同じ役割を演ずるわけではない。われわれは、軍事支出はこの点できわめて調法なものであることを知った。それはまた、民需生産にも役立ちうるような技術革新の資金源となっている。さもなければおかされえないような危険が民需部門で敢えておかされるのは、それがほとんどまったく危険のない軍需部門によって保護されるからである。ジェネラル・ダイナミックスは、さきに述べたジェット航空機での破滅的な失敗にもかかわらず、そのおかげで生き残りえたし、スチュードベーカーがその自動車部門での損失から救われえたのは、軍需品調達の分野に会社が大規模に、（そしてスチュードベーカーの場合）たえず増加する形で参与したからである。ロッキードは、その民間航空機部門の失敗につまずくこともなかったが、それは巨大な軍事生産者として、国家の安全保障にとって重要であると考えられ、利益のある兵器発注が救済のための貸付保証と同じく重要であったからであった。兵器競争が計画化体制にたいしてもたらすこうした利点を、計画化体制はそう簡単には失うわけにはいかない。」（『新しい産業国家』邦訳、459〜460ページ）

ガルブレイスの経済学は、こういう際どいところをすり抜けているのが思想史家にはとても興味深い。だが、リベラル派であることを誇りにしてきた彼は、軍産複合体の脅威について考察を進めたに違いない。その成果が、『軍産体制論　いかにして軍部を抑えるか』（初版は1969年）である（邦訳は、小原敬士訳、小川出版、1970年）。この本は、初めのほうで「組織体のための真理」という言葉が出てくるが、これは彼が後年「制度的真実」と呼んだものと本質的に変わらない。「組織体」のなかでも、この本では、「軍部」のための真理が暴露される。以下、簡単にまとめてみる（同書、15〜22ページ参照）。

ガルブレイスが明らかにした軍部の真理

第一は、アメリカがソ連との兵器競争を続けることに伴うリスクは、そうしないことに比べるときわめて小さいという信念である。だが、いろいろな角度からリスクを評価していけば、もちろん、兵器競争がコストに比べて割に合わないという見解も出てくるだろう。ところが、ガルブレイスがここで「真理」と呼んでいるものは、あくまで軍部という組織体にとっての「真理」である。彼は兵器競争が続いたほうが軍部という組織体の維持や拡大にとっては好都合だといいたいに違いない。

第二は、冷戦時代にはよく喧伝されたものだが、「共産主義との闘争は、人類の最後の闘争」であるという信念である。アメリカの軍部はそう信じていたからこそ、世界各地でそのような闘争を繰り広げたのだろうが、ガルブレイスが『軍産体制論』でとくに念頭に置いていたのは、ベトナム戦争ではないだろうか。

第三は、「国家的利益」を「人間の利益」よりも上位に置き、「全体の死と破壊の見通し」があってさえも、新しい兵器開発にためらわずに突き進むべきだという信念である。現代の私たちの目には、いかにも非合理的で、恐ろしい独裁体制と変わらないように思えるが、これも軍部という組織体にとっての「真理」である。

軍部がこのような「組織体の真理」を共有していることを明らかにしたガルブレイスは、次に軍部の構成をみていく。軍部という組織体は、四つの軍隊（陸軍、海軍、空軍、海兵隊）から構成されると考えるのがふつうである。これに軍需契約業者（ジェネラル・ダイナミックス、マクドネル・ダグラス、ロッキードなど）をあわせて「軍産複合体」と呼んでいるが、ガルブレイスは、軍部という組織体をもっと広義に捉えている。すなわち、大学や研究所などで国防目的の研究をしている科学者や研究者、兵器や兵器システムについて考察するのを仕事にしている人たち、議会（上下両院）の軍事委員会なども含まれるというのだ。

このような意味での軍部は、冷戦時代に強大な権力を握るようになったが、保守派も進歩派もその権力の前にはほとんど無抵抗だった。保守派は、元来、官僚組織（軍部もその一つである）の増大を嫌うはずだが、共産主義の脅威をみせつけられると、「軍部に干渉すべきでない」という考えを受け容れるようになった。進歩派が無抵抗になった理由はやや複雑である。ガルブレイスは、官僚組織のなかに危険を見出す思考法は、ルーズヴェルトからケネディに至るまでより大きな行政権を求めてきた進歩派にはなかったとか、ソ連の共産主義体制のなかで迫害された進歩主義者たちの幻滅などを挙げているが、経済学者にとって頭が痛いのは、失業を減少させるという理由で軍事支出をあえて批判しなかったケインジアンがやり玉にあげられていることである。

「そればかりでなく、50年代や60年代には、アメリカの進歩派のひとびとは、厖大な連邦予算を目指して戦っていたが、それは、それが購買するもののためではなく、むしろそれによって失業が阻止されることのためであった。支出の安定的な流れをともない、また安定的な効果をもって増減する個人所得税によって支えられるそのような予算は、ニュー・エコノミックスもしくはケインズ経済学の隅《すみ》の首石《おやいし》であった。そして、この高水準の雇用拡大の経済学は、また進歩的な立場の隅《すみ》の首石《おやいし》でもあった。前にも述べたように、進歩派にとっては、国防支出がこの好都合な社会的機能を果すということを承認することは容易なことではなかった。かれらは（つまり、われわれは）その点を尋ねられると、教育、住宅、福祉、民間公共事業などのための支出は、その他のものとまったく同じようにうまく作用するし、ずっと歓迎されるだろうと答えるのがつねであった。しかし、これらのより好ましい事柄のために支出しようとするつよい圧力が欠如しているばあいには、経済上明らかに有益な効果をもっていた兵器政策にたいして憤慨することは容易なことではなかった。」（『軍産体制論』邦訳、51ページ）

このようなケインジアン批判は、数年後、ガルブレイスと親しかったイギリスの女性経済学者、ジョーン・ロビンソン（1903〜83年）の有名な講演「経済学の第二の危機」（1971年）においても取り上げられることになる（この点は、拙著『定本　現代イギリス経済学の群像　正統から異端へ』白水社、2019年を参照のこと）。ただし、ガルブレイスは、1960年代でも、おそらくは自分自身も含めて、このような問題に気づいていた進歩派はいたと付け加えたいようである。だが、彼がそのような進歩派の政治家のなかに入れているケネディ大統領でさえ、今日の評価では、高い点は与えられていないので、その辺は割り引いて読む必要があるだろう。

軍部の権力を抑える一〇の提案

さて、では、ガルブレイスは、軍部の権力を抑える方法はないと考えているのだろうか。そうではない。彼はなんとかそれを抑えるための一〇の提案をしているが、五つほどにまとめてみよう（『軍産体制論』邦訳、68〜77ページ参照）。

第一は、軍部の権力をしっかりとした政治的制御のもとにおくために、これを争点に大統領選挙を実施すべきだという提案である。その系として、議会もペンタゴンを厳重に監視すべきであり、逆にいえば、ペンタゴンは議会に対してその活動と支出の両方について責任を負うようにするべきだと提案されている。

しかし、現状は、両院の軍事委員会のメンバーのほとんどが、例外を除いて、軍部の権力と結びついているので、ガルブレイスは、第二に、現在の委員に替えて、もっと新進気鋭で軍部にもおもねらない委員を据えるべきだと提案している。目標は何よりも「軍部の力を制御すること」であり、軍事委員会の「先任者優先制」のような制度は撤廃せよということである。ペンタゴンと「癒着」している議員には、なかなか耳が痛い言葉だろう。

ただし、ガルブレイスは、第三に、「反軍部十字軍」を組織するのが目的ではなく、軍部をアメリカの政治体制のなかの伝統的立場に再び包摂することが重要だと強調している。

ガルブレイスは、「第二次世界大戦前に名声を博していた将軍や提督なら、職業的な軍隊の中の自分たちの後輩が、いまやジェネラル・ダイナミックス社の商業的なアクセサリーになっていることを見いだせば、さぞ驚くであろうし、また慄然たる思いがすることであろう。」（『軍産体制論』邦訳、71ページ）と述べているが、それだけ問題の根は深いということでもある。軍事予算の削減という彼の提案も、握りつぶされる可能性が高いかもしれない。『軍産体制論』が出版されたのはまだ冷戦時代だったので、第四に、ガルブレイスは、兵器の統制や削減についてソ連と粘り強く交渉し、しかもこのような交渉において軍部の役割は限定されねばならないと強調している。もちろん、軍部の反対は容易に予想がつく。兵器制限交渉が「ジェスチュアゲーム」になってしまう可能性も否定できない。それゆえ、議会と国民が、そのような交渉が実り多いものになるように、行政を監視しておくべきだという趣旨のことが提案されている。

第五に、「軍事監査委員会」の創設である。そのメンバーとしては、優れた科学者や市民の代表が加わり、軍事上の計画や交渉について、議会に勧告を与えるとともに、国民に十分な情報を提供すべきだと提案している。軍部は抵抗するだろうが、「軍部の力を制御することは普遍的な努力でなくてはならない」（『軍産体制論』邦訳、76ページ）というのがガルブレイスの信念であり、党派を問わず、それを支持すべきだと考えている。

以上がガルブレイスの提案の大要だが、『軍産体制論』は彼流のリベラリズムがまだ一定の勢力をもっていた頃の著作であり、1960年代の終わりから、経済学の世界では、ミルトン・フリードマンのような保守派が急速に巻き返しを図っていく。フリードマンは、サムエルソンの「新古典派総合」がかっちりと学界の主流を押さえていた頃は「異端者」の扱いをされたが、1960年代後半から徐々に勢力を拡大し、1967年にはアメリカ経済学会会長にまで上り詰めた。同年12月29日に行われた会長講演「金融政策の役割」(公判は1968年)では、「自然失業率仮説」を提示し、アメリカのケインジアンを痛烈に批判した。

フリードマンによれば、ケインジアンが依拠してきた「フィリップス曲線」(失業率が低くなればインフレ率が上昇し、逆に失業率が高くなればインフレ率が低下するという「トレードオフ」関係)はまやかしであり、長期的には、フィリップス曲線は自然失業率(自発的失業率+摩擦的失業率)を通る垂直線になる(つまり、インフレと失業率のあいだにトレードオフの関係はない)だろう。それにもかかわらず、ケインジアンが自然失業率よりさらに低い失業率を目指して総需要を拡大させたので、インフレが加速度的に進行するようになったのだという。

それゆえ、フリードマンは、金融当局の政策としてはマネー・サプライをコントロールすることだけに専念すればよく（なぜなら、物価は、長期的には貨幣数量説によって決まるから）、政府はあとは基本的に自由市場に任せるべきだと主張した。これがのちに「新自由主義」と呼ばれるようになった源流の一つである。

フリードマン流の新自由主義は、1970年代を通じて勢力を拡大し、ついには、1980年代初めのレーガン共和党政権の誕生につながっていく。

ケネディ後、保守派が息を吹き返したことのショック

ガルブレイスは、1960年代、ケネディおよびジョンソン民主党政権を通じてリベラル派が大いに活躍したのを自身も肌で感じてきたにもかかわらず、1970年代に保守派が急速に息を吹き返してきたことに衝撃を受けたに違いない。確かに、民主党政権もベトナム戦争の泥沼に陥ったり、その後の経済運営の不手際からインフレの昂進を招いたりと、多くの失敗を重ねてきた。だが、なぜそれほど保守化の勢力が拡大したのか。『軍産体制

論』を出版してからほぼ10年後（1978年）、ガルブレイスは、「保守過半数症候群」と題する論文を書いて、この問題を考察している（その論文は、『ある自由主義者の肖像』ガルブレイス著作集8、都留重人監修、鈴木哲太郎ほか訳、TBSブリタニカ、1980年に収録されている。原著初版は1979年刊行）。

ガルブレイスは、その論文のなかで、保守派復活の要因を四つ挙げているので、簡単にまとめてみよう（「保守過半数症候群」、前掲、62〜69ページ参照）。

第一は、政治評論家やテレビ解説者などの多くが「誰が支配者であるかを再発見」し、その利益に叶うような発言を繰り返すようになったことである。そうでなければ、資産家は税金を払いたがらないという議論がこれほど繰り返されることはなかったはずだという。だが、ガルブレイスは、彼らは富裕な人たちの声がただ大きいだけなのに、それを大衆の声と取り違えていると反論している。例えば、大銀行のトップや財務長官の発言は毎日のように報道されても、生活保護を受けている人たちの声はほとんど全く聞こえてこないではないかという。

第二は、民主党の政治家までが、「尊敬をかちえたいという深い欲求」に突き動かされるようになり、資産家や地位の高い人たちのご機嫌をとるようになったことである。ガルブレイスのリベラル派への幻滅が垣間見える指摘である。本当は、『ウォール・ストリート・ジャーナル』紙の社説で悪口をいわれるくらいになってほしいのにとまで言っている。

第三は、保守派が権力を掌握したあと、その見事な戦術によって、行政府は無能な集団であるという、いわば「神話」を創り出すのに成功したことである。ガルブレイスは、リチャード・ニクソン（いうまでもなく、民主党のジョンソン大統領の後釜におさまった共和党の大統領）をその典型的な例に挙げている。もちろん、ニクソン以前に、そのような「神話」は存在しなかったので、ガルブレイス自身も当初は当惑したはずである。それゆえ、次のように書いて納得するようになったのではないだろうか。

「政府の運営ないし行政は、退屈ではあるが重要な仕事であって、われわれはそのよい運営または行政の重要性を決して軽く見てはならない。それは、リベラル派の人たちから、それに値するだけの注目を受けてこなかった。しかし、政府や政府のために働く人びとをおとしめる最近流行の傾向には加担しないようにしたいものである。アメリカの公務員は、他のどの国のそれにも劣らぬほど誠実であり、有能であり、またたしかに革新的である。リチャード・ニクソンは、脱税、法務妨害、偽証教唆、憲法侵犯を行い、スピロ・アグニュー副大統領はやぼな重罪を重ねたが、こうしたことを挫折させたのは、司法省、連邦調査局（ＦＢＩ）、国税庁その他のしっかりした誠実な人たちだった。われわれの公務員が誠実でなかったなら、われわれの主張はどうしようもないものであったろう。」（「保守過半数症候群」、前掲、66ページ）

第四は、第二とも関連しているが、リベラル派の経済学者の多くが、自分たちがお世話になっている大銀行や大企業を慮って、エスタブリッシュメントの「喝采」に憧れ、自分の価値をその「喝采」の大きさを尺度に測るようになったことである。ガルブレイスは、その結果、リベラル派の経済学は、ほとんどがかなり保守的なものになってしまったと嘆いている。

保守派フリードマンへの「感謝」

以上は、１９７８年の時点での保守派復活の要因分析だが、数年後（１９８１年）には、レーガン共和党政権が成立し、フリードマン流の新自由主義を標榜するようになった。すなわち、建前上は、自由市場を信奉し、「小さな政府」を理想としたのだが、レーガン大統領は、財政支出を削減する一番の方法は減税をすることである（なぜなら、税収が入ってこなければ、支出することもできないから）と側近や助言者に教えられた通り、アメリカ史上稀にみる大減税をおこなったのである。

レーガン政権の誕生前夜の秘話を読むと、減税を正当化した「ラファー曲線」なるものが出てくるが、決してそれは学問的な仕事ではないものの、税率を下げればかえって税収も増えるという大雑把なアイデアは保守派の政治家には確かに受けがよかった（ウィリアム・A・ニスカネン『レーガノミックス　アメリカを変えた3000日』香西泰訳、日本経済新聞社、1989年参照）。だが、アメリカで減税運動というのはその前にも後にも何回も出てくるので、レーガノミックスだけの特徴ではない。ガルブレイスも、ラファー曲線よりはフリードマンの言動のほうを注視していたに違いない。なぜなら、フリードマンこそ、カリフォルニア州の「納税者の反乱」（1978年6月）を支持した大物経済学者だったからだ（フリードマンは、1976年度のノーベル経済学賞を受賞していたので、その時点の学界でも、もはや少数派ではなかった）。それゆえ、いま紹介している論文のなかにも、フリードマンへの言及がある。ガルブレイスらしい皮肉を込めた文章なので、誤解しないように読んでほしい。

「われわれはまたミルトン・フリードマン教授にも感謝すべきである。彼は不都合なほどに誠実な人であって、彼もまた保守派の立場を驚くべきほど明らかにしたのである。彼は、連邦政府の支出を低く抑えるよう議会に有効に圧力をかけるには、連邦政府の減税が唯一の途であるとして、これをいつも支持すると述べた。」（「保守過半数症候群」、前掲、68ページ）

レーガン政権の誕生時、大減税は、すでに「秒読み」段階に入っていたのである。だが、レーガン政権は、大減税の一方で、ソ連との冷戦に勝利するために軍需予算を大幅に拡大したので、財政は大赤字になった（減税すればかえって税収が増えるとラファーその他は主張していたのではなかったか。それとも、軍備拡張は「予想外」の出来事だったとでも強弁するのだろうか？）。

さらに、金融当局は、当初、フリードマンの「マネタリズム」（「新しい貨幣数量説」と呼ばれたこともあったが、要するに、インフレを抑えるにはマネー・サプライをコントロールする以外にないという学説のことである）の処方箋とおり、マネー・サプライを厳格にコントロールしようとしたが、その結果、金利が極めて高くなった。高金利は為替相場をドル高に誘導したが、国内投資は縮小し、失業者が膨れ上がった。それによってようやくインフレも鎮静化したが、マネタリズムの実験の教訓としては、失業の増大という代償を払わなければインフレは抑えられないという、いわば「常識」を再確認するだけになったわけである。

学問的な仕事の後のジャーナリスティックな活動

ガルブレイスによる保守派復活の分析がどれほど当たっているかは、ここでの問題ではない。実際に、1970年代を通じて保守派が急速に勢力を拡大し、レーガン政権誕生時にはアメリカ社会全体が保守化していたという事実を確認すれば十分である。その後、ガルブレイスは、ジャーナリスティックな活動の大部分を、この保守派との対決に費やしたといっても過言ではない。いま、私は「ジャーナリスティックな活動」といったが、それは、ガルブレイスの学問的な仕事は、『ゆたかな社会』『新しい産業国家』『経済学と公共目的』の三部作で一応完結しているからである。もっとも、その三部作が彼のジャーナリスティックな活動と無関係というわけではないが、彼を経済学史上に位置づけるにはその三部作で十分に足りると思う。

そのジャーナリスティックな活動のなかから、この章のテーマと関連の深いものを探すとすれば、晩年に書かれた『悪意なき欺瞞　誰も語らなかった経済の真相』（原著は2004年刊行）になるだろう（佐和隆光訳、ダイヤモンド社、2004年）。大企業がふるうようになった権力の問題が、一生を通じて、彼の関心事であったよい例となるので、関心のある部分を紹介することにしよう。

「悪意なき欺瞞」というタイトルは、学者というよりは嗅覚の鋭いジャーナリストが思いつくタイトルのように思えるが、ガルブレイスが最初に問題にしているのは、ベルリンの壁の崩壊後、「資本主義」という言葉がいつの間にか消えて、「市場システム」とか「企業システム」のような本質を隠蔽してしまいかねない言葉が幅を利かすようになったことである。ガルブレイスは、これまでに述べてきたように、資本主義体制において「実権」を握っているのは、大企業内部の「テクノストラクチュア」だと考えてきたので、それを「市場」や「システム」という言葉で覆い隠す用語には我慢がならなかったようである。

彼は次のようにいっている。

「市場システムと改名したからといって、その意味するところは釈然としない。それは間違った改名ではないが、市場システムという呼称が穏健な意味合いをはらむわけでもないし、思いやりのある優しさを意味するわけでもない。

そもそもの改名の動機は、資本家のふるう権力がもたらすであろう醜悪な事態への懸念を払拭し、マルクス、エンゲルス、そしてその信奉者たちの遺産を葬り去り、マルクス主義の狂信者からの攻撃に対する防御壁を構築することにあった。

個々の企業、個々の資本家が、いまや権力を失ったことは、誰しもが認めるところであろう。だからといって、『市場経済が熟達した全能の経営者たちの支配下にある』などといった類のことを、教室で語る教師はほとんどない。これぞ欺瞞の典型例ではないだろうか。

資本主義経済体制に与えられたもう一つの名称は、私たちの目と耳に説得的に見えかつ聞こえる。それは『企業システム』である。

今日の経済社会において、近代的企業が支配力を行使していることを否定する人は一人としていまい。少なくとも米国では、そのとおりであることは疑うべくもない。にもかかわらず、この名称はときおり用心深く口にされることはあっても、滅多に口の端にのぼせられることがない。言葉づかいに神経質な人は無論のこと、体制の恩恵に浴する人ですらが、決定的な権力の持ち主が企業であることを明言したがらない。私たちに恵みを施すのは市場であるとするのが、彼らにとって好都合なのである。」

（『悪意なき欺瞞』邦訳、30〜31ページ）

イラク戦争が契機になった大企業の権力問題への追及

晩年に至って再びガルブレイスが大企業の権力の問題に取り組むようになったのは、ジョージ・W・ブッシュ共和党政権時のイラク戦争の勃発（2003年3月）と深くかかわっているはずだ。イラク戦争の開戦前夜を観察していたガルブレイスは、「私的セクター」に属するはずの大企業が軍部と結託し、「公的セクター」まで牛耳るようになったという今日の軍産複合体の実態を暴露した。『悪意なき欺瞞』では「テクノストラクチュア」という言葉はなぜかほとんど使われていないが、事実上、彼らが大企業ばかりか政府までも操っているという主張のほうに強調点がシフトしているようだ。彼は次のようにいっている。

「本書を執筆している最中にも、企業経営者は、大統領、副大統領、国防長官と密接な関係を保ちつつ、彼らの目的を果たしつつある。大企業の経営者が連邦政府の中枢的ポストに就いているのである。そのうちの一人は、不正会計を摘発され倒産したエンロンから派遣された者で、陸軍を統括するポストに就いている。

国防・兵器関連の企業が、目下、外交政策に影響力を行使しようとしている。それに先立つ数年間、企業は、財務省と環境行政を支配下に収めようとしていた。今後、企業の影響力の及ぶ範囲は、ますます拡大してゆくことになろう。

メディアは、こうした政治の状況を全面的に把握している。知性と勇気を兼ね備えた論者は、兵器の配備、ミサイル防衛の展開、国防予算などの意思決定が、事実上、私企業に委ねられてきたことを『事実』として認めてきた。経済政策の意思決定もまた、いまや大企業に委ねられている。」（『悪意なき欺瞞』邦訳、76〜77ページ）

その後も、ガルブレイスは、なるべく「怒り」を抑えて、大企業の権力が、不正会計を蔓延らせ、金融行政を欺瞞に満ちたものにしたことなどを次々に暴露していくのだが、やはり最後は軍産複合体に矛先が向かう。「私的セクター」と「公的セクター」の境目が曖味となり、「名ばかりの民間企業」がペンタゴンに潜入し、その意思決定を左右するという光景はおぞましいものだが、ベトナム戦争の時代を生き、各方面の情報に通じていた彼にとって、その事実は驚くべきものではなかったようだ。肝心なところなので、引用してみよう。

「イラク戦争に至るまでの米国史における最大の軍事的災禍はベトナム戦争だった。1960年代初頭、現地調査の使命を帯びて、私はベトナムを訪問したのだが、そのとき私は、事実上、外交政策を軍が支配しているという現実の全貌を見せつけられる思いがした。

軍の支配はもはや、文民統治と思われる国の政権転覆を企てるまでにエスカレートしていたのである。私が大使を務めたインドでも、ケネディ大統領の側近を務めたワシントンでも、そしてサイゴンでも、私は強硬な反戦平和主義の唱道者だった。

1968年の大統領選挙では、ユージン・マッカーシーの反戦キャンペーンを、私は断固として支持した。マッカーシーの大統領予備選挙への出馬表明は、ケンブリッジの私の自宅で行なわれた。同年、シカゴで開催され、大混乱をきたした民主党大会の議事進行役を私は引き受けた。しかし、マッカーシー候補を支持する私にとっては、きわめて残念な結果に終わった。

以来、今日に至るまで、ワシントンのペンタゴンは、絶えず戦争を支持してきた。実際、これはあり得ておかしくない話である。軍人、そして軍需産業が戦争に賛成し、これを是認するのは、職業上、しごくもっともなことなのだから。

繰り返し言おう。これは当然の成り行きだと理解するべきである。これまた、私的セクターと公的セクターのあいだの偽りの『線引き』の好例と言うべきである。巨利をもたらす兵器売買契約への企業の関心が、ありありと見てとれるからだ。ドワイト・D・アイゼンハワーが言った軍産複合体そのものである。

私は、軍産複合体の存在に異を唱えようとしない現実とは共生したくない。その存在を容認する社会のほうがはるかにましである。」（『悪意なき欺瞞』邦訳、113～115ページ）

以上によって、ガルブレイスにとって、軍産複合体が孕む問題が、長年の関心事だったことがわかるだろう。そして、それを大企業の「権力」を軸にして問題を考察したのが、ガルブレイス経済学の特徴であったことも、もはや繰り返す必要もないだろう。

第6章　「満足の文化」への警鐘

レーガン=ブッシュ時代の経験からの考察

前の章で、ガルブレイスが1970年代を通じて保守派の復活という、彼にとっては憂慮すべき傾向をどのように理解すべきかについて頭を悩ませていたことに触れたが、1980年代から90年代初めにかけて、レーガン=ブッシュの共和党政権（後者のブッシュは、第41代大統領のジョージ・H・W・ブッシュで、同じ共和党ではあるものの、息子の第43代大統領のジョージ・W・ブッシュとは異なる）が12年間も続いた経験を踏まえて、その問題を再考したのが、『満足の文化』（原著は1992年刊行）である（中村達也訳、新潮文庫、1998年）。私は、現代アメリカ社会批評として優れた問題提起をした名著の一つだと評価している。

ガルブレイスは、幾つかの造語（「依存効果」「社会的バランス」「テクノストラクチュア」など）によって代表作をさらに記憶に残るものにすることに成功したが、『満足の文化』にも、全体を通じるキーワードがある。それは「満足せる選挙多数派」（the contented electoral majority）という言葉である。これは「選挙多数派」というのがミソで、アメリカには、そもそも選挙権のない不法移民や、選挙には期待しないので投票に行こうともしない人たちがたくさんいることを念頭に置いたキーワードである。彼らの大部分は、概してアメリカ社会では恵まれず貧困に喘いでいる人たちだが、それとは対照的に、経済的にも社会的にも恵まれている人たちは声が大きいので、選挙のたびに自分たちの要求を通すために投票に行くというのである。ガルブレイスは、こういっている。

「周知のように、かつては経済的社会的に幸運な人々は少数派で、ほんのひと握りの支配者であった。しかし、これまで見てきたように、この層は今では多数派になり、しかも彼らは市民のすべてではなく、実際に投票行動をする市民という意味の多数派なのである。このような立場にあり、実際に選挙に参加する人々に対して、適当な呼び名が必要となる。彼らは、『満足せる多数派』とも呼べるし、『満足せる選挙多数派(the contented electoral majority)』、あるいはより幅広く『満足の文化の所産』とも呼べるだろう。彼らが有権者全体の中で多数派なのではないことを再度繰り返しておく。彼らは、デモクラシーという装いのもとに支配するが、そのデモクラシーには、恵まれていない人々は参加していないのである。満足せる人々は決して黙ってはいない。これが最も重要なことである。本書で展開するように、彼らは自分たちの自己満

足状態を侵しそうなものに対しては、はっきりと怒りを示すのである。」（『満足の文化』邦訳、25〜26ページ）

前の章で、レーガン政権誕生前夜にすでに保守派が復活していた事情に触れたが、ここで「満足せる選挙多数派」と保守派がほとんど重なり合っていることに注意しよう。例えば、「満足せる選挙多数派」は、自分たちの払う税金が貧しく恵まれない人たちに使われるのを嫌うようになり、何よりも減税を要求するというガルブレイスの指摘は、保守派の行動と同じである。逆の立場でいうと、貧しく恵まれない人々にとっては、公的補助や教育などのための公的支出が頼りなのだが、減税によって政府の歳入が減れば、よほどの連邦赤字を許容しない限り、公的支出に回るお金は無くなってしまう。しかし、当然予想されるように、選挙では声が大きいほう（すなわち、「満足せる選挙多数派」）の主張が通りやすい。レーガン＝ブッシュの共和党政権は、彼らの要求をうまく汲み取ったのである。ガルブレイスは、次のように言っている。

「こうして、レーガン政権は増税に反対し、事実、大幅な所得税減税を政策の柱とした。ブッシュ大統領もこれに負けてはいなかった。増税をしないという選挙前のブッシュの約束は、彼の公約のうちで最も喧伝《けんでん》されたものといってよい。両者とも、税金を抑制すれば、政府の活動全体をも抑制する――例外的なケースを除いて――ことになることが分かっていた。両者とも、一部の人が言うように自らの政治上の見解にしたがって行動したのではなく、まさに満足せる選挙多数派の明白な傾向を正しく反映して行動したのである。レーガン大統領は選挙民から温かい支持を受けたが、ブッシュ大統領は1990年にわずかな増税を決め、選挙民の利益をごくわずか損なうように見えたために厳しい批判を浴びた。」（『満足の文化』邦訳、59～60ページ）

満足せる選挙多数派の欺瞞

ただし、ガルブレイスによれば、「満足せる選挙多数派」も、例外として、共産主義の脅威に対抗するための国防関係の公的支出と、経営危機に陥った金融機関の救済のための公的資金の投入だけは認めた。前者は冷戦に打ち勝つためと喧伝されたが、ベルリンの壁やソ連が崩壊したあとも、その必要性が主張され続けている。読者は、前の章の『軍産体制論』の内容から、その理由は容易に想像できるだろう。後者は、お金をたくさんもっている資産家や恵まれている人たちにとって、その資産運用を委託している金融機関が破綻すればどんな不都合が生じるかを想像すれば、その必要性も簡単に理解できるはずである。

そのような例外はあるが、あとは税金の負担ができるだけ軽いこと、それを社会福祉関連に回してほしくないことが、「満足せる選挙多数派」の要求だったが、レーガン＝ブッシュ政権は、その要求によく応えた。その意味で、ガルブレイスは、皮肉にも、「実際、彼らは民主主義の原則に忠実だったのである」といっている（『満足の文化』邦訳、62ページ）。

「満足の文化」の時代には、経済学もそれに対する適応を余儀なくされる。経済はときにインフレやデフレという不安定な要因にさらされるが、「満足の文化」では、それにどう対処すべきかという優先事項が決まっているという。

例えば、教科書的にいえば、デフレや不況に対しては、減税か財政支出の増大か、どちらかの財政政策が選ばれるが、資産家や恵まれた人たちは、減税は別として、先に触れた理由によって財政支出の増大を嫌う。逆に、インフレに対しては増税や財政支出の削減か、どちらかの財政政策が選ばれることになるが、彼らにとって増税はもってのほかなので、強いていえば、財政支出の削減のほうがましだろう。しかし、そもそも、彼らがデフレや不況の危険にさらされるリスクは、貧しい人たちと比較すると、ほとんどないといってよいほどなので、経済的安定をもたらすための財政政策という考え方自体が支持されない。資産家や恵まれた人たちにとっての脅威は、むしろ彼らの資産価値を目減りさせるインフレである。そして、彼らは、インフレ対策として金融政策、この場合は高金利を選好する。金利が高いことが資産をもつ人たちに好都合であることはいうまでもない。だが、高金利は産業投資や住宅投資などを抑制し、長期的には生産性の伸び率にもマイナスの影響を及ぼすかもしれない。それにもかかわらず、彼らは自己中心的な人々なので、そんなことは意に介さないという。

共和党政権下での自由放任主義の正当化

ガルブレイスは、さらに、「満足せる選挙多数派」に奉仕するために経済学に必要な三つの条件を挙げている（『満足の文化』邦訳、106〜107ページ参照）。

第一は、政府の余計な介入に反対する根拠を提供してくれる学説をもっていることだが、そのためには、（誤解された形とはいえ）アダム・スミスの権威が利用される。

第二は、自由に富を追求し、それを所有することに対して社会的正当性を見出すこと。

第三は、貧しい人々を救済する責任を取り除いてくれること。

ガルブレイスは、実際、レーガン＝ブッシュの共和党政権の時代、以上の三つ、要するに粗雑な形での自由放任主義が正当化されたと言いたいわけである。減税を正当化したラファー曲線（とその背後にあるサプライサイド・エコノミックス）、社会保障費の大幅カット、企業家の自由な活動の拡大を図るための規制緩和、等々。しかも、ガルブレイスは、驚くべきことに、これらの政策やその背後にある経済思想が「正しい」かどうかはどうでもよく、ただ「満足せる選挙多数派」に奉仕しているかどうかが肝心のポイントだと捉えていることである。

ところで、前の章との関連で、ガルブレイスが「満足の文化」の時代における軍部の拡張を真剣に憂慮していることもみておかなければならない。

レーガン政権がソ連との冷戦に勝利するために軍需予算を拡大したことはすでに触れたが、ガルブレイスは、ロシア革命以来、アメリカで何度も共産主義への脅威が語り続けられた事実に注意を喚起している。とくに、マッカーシズム時代の反共主義は、「偏執病的」でさえあったと。しかし、その後は、人々も多少は理性的な判断ができるようになったのではないかと思えるのだが、ガルブレイスは、そうはならなかったというのだ。

「にもかかわらず、共産主義はひとつの恐怖であり続けた。なぜなら、アメリカ国内の共産主義に対する恐れは静まったが、国際的な共産主義の脅威は消え去らなかったからである。外交政策の場合と同じく、共産主義に対する反応にもある種の遊戯的性格が見られた。このような問題について経験、知識、権威があると自ら信じている人々が、具体的な問題があるわけでもないのに嬉々《きき》として集まって討議し、『共産主義の脅威』が世界に野放しにされていることを確認し合った。何か新しい方向を示唆《しさ》するような発言をする必要はまったくなかった。もちろん、最大の脅威はソ連と東欧の衛星国であった。しかし、われわれの安全のためには、共産主義が世界のどこに現れても抵抗しなければならず、資本主義をまだ経験していない開発途上国における共産主義が指摘されたのである。正統的マルクス理論によれば、資本主義以前の共産主義とはいわば早産の認めがたいものとされていたにもかかわらずである。」(『満足の文化』邦訳、131ページ)

こうして、防衛支出は、福祉や教育関係の予算の削減をよそに大幅に増額されたのである。だが、ガルブレイスの筆はそこで終わらない。軍部の拡張とはいうけれども、アメリカで一般徴兵制が廃止（１９７３年）されて以後、一体、誰が軍務についていったのかと。もちろん、満足せる人々ではなく、貧しい家庭や人種的マイノリティーの若者の比率が高かったのだと。問題の根っこには、いま流行の言葉でいえば、「経済格差」が歴然とあったのである。

軍部の権力が民主主義の制御を乗り越えることへの警鐘

ガルブレイスは、『軍産体制論』でも示唆されていたことだが、軍部の権力が「満足の文化」の時代にさらに拡大し、民主主義による制御をも乗り越えようとしている現状に警鐘を鳴らしている。というのは、軍部の権力は、外部の力（例えば、生産物への需要の多少や、好況や不況の波など）による制約からほとんど免れているからである。ガルブレイスは、「軍隊や軍施設の維持管理は、軍部が独自に行うものであり、武器の開発や生産、それらを調達するための資金も完全に軍部独自の決定によるものである」と述べている（『満足の文化』邦訳、140〜141ページ）。

もっとも、国防関係の文民のトップが何かの儀式のときに重要な役割を演じているようにみえるかもしれないが、ガルブレイスは、それは全く儀礼的なものに過ぎないし、『軍産体制論』でも指摘されたように、軍事問題を扱う委員会が軍部の利害と全く異なる決定をおこなうことなど例外を除いてあり得ないと考えている。軍部の権力を維持するには「敵」の存在が都合がよいので、かつてはソ連や東欧の共産主義を打倒するためという大義名分がよく利用された。1991年1月、ブッシュ政権が中東介入を決定したときも（のちに「湾岸戦争」と呼ばれるようになるが）、前年8月にクウェートを侵攻したイラクという「敵」がよく目にみえた。ガルブレイスは、軍部がこのような絶好の機会を見逃すはずはない、といわんばかりに、ブッシュ政権が開戦に至った背景をこう読み解いている。

「特にブッシュにとって魅力だったのは、この介入によって、最新通信技術やエレクトロニクス化した戦闘機や軍事技術の開発を正当化できるということであった。また、出動部隊、とりわけ地上戦できわめて不快な思いをし、死傷者を出すことになる部隊に属する者が、満足せる選挙多数派でなかったことも介入の決定に影響力があった。満足せる階級の子女が事実上兵役を免除されていたことが、この軍事的冒険を政治的に容認した主な要因であったことは疑いない。

中東介入が軍事力にとって好都合だった点は他にもある。かつてのベトナムやカンボジアへの派兵は、軍部の重大な欠陥や明白な無能さ——特に、ジャングルで意志堅固なゲリラ部隊と戦闘する際の弱さ——を明るみに出した。ところがイラクの場合は、侵略の罪は明白であり、アメリカと比べれば人口も少なく工業力も劣っており、しかも戦場は砂漠地帯だった。中東での介入は、アメリカ軍の評判を回復する絶好の機会となるはずであった。実際、戦争は順調に進行し、アメリカ軍の死傷者は少なかった。随行した報道陣——彼らは協力的過ぎるほどであった——はきわめて綿密に管理されており、報道は好意的であった。一般イラク市民の死亡率の高さ、戦闘を強いられたイラク兵の見るからに気乗りのしない様子、終戦後の不運で悲惨なイラクの政治状態を指摘する不協和音がなくはなかったが、湾岸戦争が軍部の評判と威信を高めたことはほとんど疑いない。そして、凱旋《がいせん》した帰還兵の祝賀会が、こうした威信をいやがうえにも増したのである。」(『満足の文化』邦訳、145〜146ページ)

だが、ソ連や東欧の共産主義が倒れたあとも、軍部の独立した権力が急速に弱まることは予想しにくかったし、実際、いずれも軍需予算にはほとんど何も影響を与えなかった。

それだけに、アメリカにおける軍産複合体への監視を怠ってはならないというのが、彼の変わらぬ信念であったように思われる。

「満足の文化」から排除された人々

ガルブレイスは、「満足の文化」の時代に「満足せる選挙多数派」がいかに自分たちに都合のよい生活を送っているかを暴露したわけだが、彼らにとって平穏な時代がそれほど長く続くのだろうか。ガルブレイスは、必ずしも彼らの思い描いているようには進まないかもしれない、と示唆している。というのは、「満足の文化」から排除されている人々——すなわちアメリカに不法移民してきたばかりで選挙権のない下層階級の人々や、経済的にも社会的にも恵まれず、たとえ選挙権はあっても、自分たちの利益を代表する政治家がいないので、そもそも選挙には行かない人々など——が、満足せる人々がやりたがらない仕事をいつまでもさせられることに対する不満が爆発する可能性があるからである。ガルブレイスは、彼らの「暴力的反応」が生じるかもしれない、という不気味な予言さえしている。

「満足せる人々にとっては不安なことであるが、下層階級が反乱を起こす可能性はあるし、しかもその可能性はしだいに強くなっている。過去にも反乱はあった。特に1960年代後半に主要都市で発生した反乱は大規模なものであった。そして、再発につながる要因はある。

とりわけ、現在の生活が平穏であるかどうかの判断は、過去の不安な生活との比較によるものであることが明らかになってきた。時がたつにつれて、そうした比較は影をひそめ、さらに時がたてば、相対的窮乏から脱出できる見込み——上層への移動の見込み——がなくなってくる。経済が減速ないし縮小すればこの傾向は強まり、景気後退や不況が長期化すれば状況はさらに悪化するであろう。デトロイトの自動車工場や車体工場で働く労働者——隣接するミシガン州やオンタリオ州の農場から逃れてきた人々、後にはアパラチアから来た白人貧困層——の数は増加する一方であった。彼らの後からやってきた南部出身の人々の多くは、今この地特有の失業の嵐《あらし》の中で立ち往生している。こうした状態が、いつか暴力的反応を引き起こしても不思議ではないだろう。快適でない生活を送るこうした人々は、自らの運命を喜びさえして穏やかに受け入れるというのが、快適な生活を送る人々の重要な教義であった。そのような教

義の誤りが、思いもかけぬ劇的な形で明らかになるかもしれない。」（『満足の文化』邦訳、173〜174ページ）

今に続くリベラリズムの後退を示唆

ガルブレイスの『満足の文化』は、単にレーガン＝ブッシュ政権時代の保守化した社会を解剖したのみならず、現在のアメリカ社会において、リベラリズムが著しく後退したことを示唆している点が重要だと思う。これは、政権が民主党に替わればすぐに解決するほど単純ではない。１９６０年代のリベラル派の代表格であったガルブレイスにとって、この事実は衝撃的なものであったかもしれない。だが、ベルリンの壁の崩壊後、経済論壇で急速に勢力を拡大したのが、「市場」がほとんどすべての経済問題を解決するという、「市場原理主義」と呼ばれた思想であったことは認めなければならない（私は「経済論壇」と書いたが、それは学界においては必ずしもそうではないからである。経済学という学問がすべて「市場」に還元されると思うほど経済学者は一様ではない）。

市場原理主義は、粗雑な自由放任主義のようなもので、学問的な用語ではないが、一般社会でよく使われたし、いまでもときに使われることがある。あえて学界にそれに類似のものを探すならば、シカゴ学派に属するゲーリー・S・ベッカー（1930〜2014年）が説いた「経済学帝国主義」だろう（ただし、ベッカーの仕事は、経済学帝国主義だけではないことも書き添えなければ、彼に公正を欠く）。ベッカーが折に触れて書いたエッセイを読むと、ガルブレイスがその役割を限定した「市場」がいかに偉大な役割を演じるのか、そしてかつてのリベラル派が経済問題をいかに誤解していたか、何度も何度も批判的に論評されているのを発見する。ここでは、その一部を紹介することにしよう（ゲーリー・S・ベッカー、ギティ・N・ベッカー『ベッカー教授の経済学ではこう考える　教育・結婚から税金・通貨問題まで』鞍谷雅敏・岡田滋行訳、東洋経済新報社、1998年）。

例えば、「大きな政府は時代遅れだ」（1995年）と題するエッセイのなかで、リベラル派が過去半世紀もの間、「大きな政府」に対する幻想を抱いていたことを、ベッカーにしてはやや抑制された表現ではあるものの、次のように批判している。

「全世界の有権者は、中央計画制と共産主義の完全な崩壊に象徴される50年間におよぶ社会的・経済的運営の経験を通じて、過度の政府支出と規制は、経済を大きく損ない、価値観と士気を崩すということを学んだであろう。この貴重な教訓を得るために半世紀もかかったというのは、やや不思議に思えるかもしれない。だが、有権者は、大きな政府に反対する人たちを、他人への思いやりに欠けるとかビジネスの利益の手先だとあざける知識人・政治家・メディアの修辞の煙幕を通じて見ざるをえないという理由もあって、大きな政府から生じる害は、一般大衆には徐々にしか明らかにならないものだ。

私は、いぜんとして、現代の経済において政府の役割を大幅に縮小する可能性について、私たち懐疑派の見通しが誤っていたと全面的に認める気持ちにはならない。だが、経済的・社会的問題を解決するために大きな政府に頼ろうとした過去半世紀の傾向は、米国のみならず、多くの国でも終わりを迎えているのかもしれない。もしこの逆転現象が続くのなら、私は、前言を撤回するのにやぶさかでない。」（『ベッカー教授の経済学ではこう考える』邦訳、210～211ページ）

経済学帝国主義による麻薬合法化賛成論

経済学帝国主義は、ふつう社会問題に分類されている諸問題（犯罪、差別、不法移民など）にも経済学の思考法を適用し、きわめて単純で明快な解決策を提示する。極端な例を挙げたほうがかえって本質がわかりやすいので、ベッカーの麻薬合法化賛成論を紹介しよう。

ベッカーは、麻薬撲滅の社会運動に参加している人たちの期待とは裏腹に、この問題は経済学の需要と供給の法則によって簡単に解決できると主張する。現在、麻薬の末端価格がきわめて高くなっているのは、もちろん、麻薬取引が非合法で自由化されていないからである。もし麻薬取引を合法化したら、どうなるか。麻薬撲滅派は、そんなことは社会的に許されないと反論するだろう。だが、ベッカーは、経済学者としてこう考える。麻薬合法化によってその供給が増えれば、その末端価格は暴落する。価格が下がったことによって、麻薬を使用する人たちが急増するかもしれない。だが、現在は、麻薬の末端価格が高すぎることによって、麻薬中毒になっている人たちがそれを手に入れるために犯罪（窃盗や強盗など）に手を染めているという現実があることも認めねばならない。それゆえ、ベッカーは、麻薬が合法化によって安価になれば、犯罪と麻薬使用との関係は大幅に弱まるはずだと推論する。しかも、実は、すべての種類の麻薬（コカイン、マリファナ、ヘロインなど）を合わせたよりも、「アルコール乱用」が引き起こす問題（酔っ払い運転、職場や家庭での暴力など）のほうがはるかに深刻な問題である。アルコール飲用に対しては、課税という手段が社会的にも広く認められている。それゆえ、ベッカーは、麻薬使用に対しても、同じ課税を利用すればよいのだと主張する。彼は次のように言っている。

「私は、麻薬についても同様の政策がとられるべきであると考える。アルコールの場合と同じように、麻薬の合法的売買に対して課税することは、中毒者を経済的絶望に追い込むことなく麻薬の販売を鈍化させる効果をなにほどかもつであろう。これは、喫煙と飲酒に対して用いられ成功している課税と同様の、いわゆる社会的課税になろう。麻薬の影響下で運転したり仕事をしているときに重大な事故を起こす人びと、および麻薬を子供に売る人びとは、厳しく処罰されるべきである。そういうふうにすれば、麻薬を合法化する政策は良識的で人間的なものになろう。そして、麻薬問題の社会的コストを抜本的に削減するだろう。」(『ベッカー教授の経済学ではこう考える』邦訳、152ページ)

もう一つ、アメリカでもトランプ前大統領が不法移民の問題に対処するためにメキシコとの国境に「壁」を建設する(費用はメキシコに支払わせる)という奇想天外なアイデアを出した移民問題を取り上げてみよう。

メキシコだけではなく、世界中でアメリカに移民したいと願っている人たちはきわめて多い。だが、アメリカが移民として受け入れることができる人数は限られている。これは確かな事実である。ベッカーは、市場経済では、財やサービスに対する超過需要が生じたときは、その価格が上がるという需要と供給の法則を基本に問題を考える。すなわち、この場合は、価格が上がるわけだが、どのようにして上げるか。なんとアメリカに移住する権利を競売にかけよと主張するのである。もちろん、お金がある人は永住権を買って先に堂々とアメリカに移民することができるが、貧しい人はいつまでもそれを買えないということだ（ベッカーは「潜在的移民」として順番を待つといっているが）。

ベッカーも、「市民権は売り物でない」という批判があることは重々承知している。だが、経済学帝国主義の大物は、怯まない。

「米国は、何百万という貧しいが大望をもった移民から莫大な利益を得てきた。幸いにも移民権を販売することは、貧しい人びとを締め出すことにはならない。ささやかな資産しかもたない人びとのなかには、ただちに移住するための必要資金を調達するために、貯蓄をしたり、友人や親戚から借金をする者もいるだろう。そのほか、彼らを雇いたいと望む米国企業からお金を借りる者がいるかもしれない。商業目的の貸手も、信用のある有能な移住者の資金調達に助力できよう。いま連邦政府が貧困な大学生にお金を貸し付けているように、貧困な移住者に対して移住料金の一部を貸し付けることもできよう。政府ローンの条件として、ローンが返済されるまでは借り手は市民になれないと取り決めることもできる。貧困な人びとは、以前どおり永住権を得るため、列を作って待つという通常の方法で移住することもできる。」（『ベッカー教授の経済学ではこう考える』邦訳、69ページ）

麻薬合法化も移民権を競売にかけるアイデアも、アメリカでも日本でも多数の支持は得られないと思うが、ベッカーは、経済学帝国主義の思考法をあらゆる社会問題に適用してみせて、問題の本質を抉ることに長けていたので、アメリカで保守派が復活して以降、次第に支持者を増やし、専門論文ばかりでなく、このようなエッセイまで書くようになったのである。晩年のガルブレイスは、このような思潮のなかでものを書いていたのだということを改めて肝に銘じる必要があるだろう。彼は、リベラル派の影響力が消滅していくのではないか、という危機感をもって時代の流れに抗していたのではないか。私には、彼が壮年の頃に書いたエッセイ類よりも、晩年のエッセイのほうが迫力があるように思えるが、そう考えると比較的納得がいく。

第7章　『バブルの物語』の教訓

ガルブレイスのバブル観、その前にケインズ

ガルブレイスは、若い頃から株式市場の動向には誰よりも注視してきた経済学者だが（1955年に初版が出た『大暴落1929』は、いまでも、日本語訳で読むことができる。村上章子訳、日経BPクラシックス、2008年）、その後も何度かこのテーマに立ち戻り、晩年にも『バブルの物語　人々はなぜ「熱狂」を繰り返すのか』（原著は1990年刊行）という逸品を書いた（鈴木哲太郎訳、ダイヤモンド社、1991年）。だが、この本を紹介する前に、「バブルの物語」について卓見を提示したのがケインズの『雇用・利子および貨幣の一般理論』（1936年）だったことを思い出しておこう。

ケインズの『一般理論』は、素人が読み通すには難解な理論書だが、株式市場について語った第12章「長期期待の状態」は一般にもよく引用される。簡単に説明すると、こういうことである。ケインズによれば、企業は「資本の限界効率」（難しい表現だが、投資をすることによって予想される利潤率のことである）と利子率が一致するところで投資量を決定する。もし資本の限界効率が利子率よりも高ければ投資量を拡大したほうが有利だし、逆ならば投資量を削減したほうがよい。それゆえ、資本の限界効率と利子率が一致すると

ころで投資量を決定するのが合理的である。ところが、資本の限界効率は「予想された」利潤率であるがゆえに、景気の動向や企業家の抱く予想によって激動しやすい性質がある。
株価が関係するのは、資本の限界効率の動きが株価に反映されるからである。例えば、企業の業績がよく、企業家の抱く資本の限界効率が高くなると、株価も高くなるというように。だが、ケインズの「不確実性」（単に確率が小さいという次元ではなく、そもそも確率計算するときの知識の基礎が脆いので、当てにならないという意味）の世界では、株価が資本の限界効率のような経済の実態を必ずしも反映しなくなる可能性が生じる。ケインズは、これを「企業」と「投機」という言葉を区別しながら、次のようにいっている。

「もし投機（speculation）という言葉を市場の心理を予測する活動に当て、企業（enterprise）という言葉を資産の全存続期間にわたる予想収益を予測する活動に当てることが許されるなら、投機が企業以上に優位を占めるということは必ずしもつねに事実ではない。しかし、投資市場の組織が改善されるにつれて、投機が優位を占める危険は事実増大する。世界における最大の投資市場の一つであるニューヨークにおいては、投機（上述の意味における）の支配力は巨大なものである。金融界の外部においてすら、アメリカ人は平均的意見がなにを平均的意見であると信じているかを発見することに不当に関心を寄せる傾向がある。この国民的な弱点は株式市場の上にその因果応報を現わしている。アメリカ人は、多くのイギリス人が今なおやっているように、『所得のために』投資するということは稀であって、資本の価値騰貴の望みがないかぎり、投資物件をおいそれとは買おうとしないといわれる。このことは次のことを別の言葉で表現したまでのものである。すなわち、アメリカ人は投資物件を買う場合、その予想収益よりもむしろ評価の慣行的基礎の有利な変化に対して望みをかけており、アメリカ人は上述の意味における投機家である、ということがそれである。投機家は、企業の着実な流れに浮かぶ泡沫としてならば、なんの害も与えないであろう。しかし、企業が投機の渦巻のなかの泡沫となると、事態は重大である。一国の資本発展が賭博場の活動の副産物となった場合には、仕事はうまくいきそうにない。新投資を将来収益から見て最も利潤を生む方向に向けることを本来の社会的目的とする機関として眺めた場合、ウォール街の達成した成功の度合は、自由放任の資本主義の顕著な勝利の一つであると主張することはできない――もし私のように、ウォール街の最もすぐれた頭脳は実際にはそれとは異なった目的に向けられてきたと考えることが正しいならば、このことは驚くべきことではない。」(J・M・ケインズ『ケインズ全集第7巻：雇用・利子および貨幣の一般理論』塩野谷祐一訳、東洋経済新報社、1983年、156〜157ページ。右ページの傍点は引用者)

ケインズの言葉を借りるならば、バブルとは、「不確実性」の支配のもとで、「投機」が「企業」に対して優位を占める現代資本主義に特徴的な現象である。そして、株式市場が楽観の誤謬に流されるときが「バブル」、悲観の誤謬に陥るまさにその瞬間が「バブルの崩壊」ということになるだろう。ケインズは、自身でも投機をやっていたので(一時は破産状態になったが、死後には相当の財産を遺したので、プロフェッショナルと呼んでよい)、いま引用した文章もその経験に十分に学んだ蘊蓄のあるものである。だが、投機と結びついたバブルにひとたび身を任せた人のなかには、悲劇的な最期を遂げたケースも少なくない。ガルブレイスの『バブルの物語』は、そのようなバブルの歴史をひもとき、そこから教訓を引き出そうとした名エッセイである。

公聴会で証言中、まさにそのときに株が暴落

ガルブレイスは、『大暴落1929』を書いた頃のエピソードを振り返っている。1955年の晩春、上院の銀行・通貨委員会の委員長、J・ウィリアム・フルブライトが証券市場における投機に関する公聴会を開いた。ガルブレイスも、ニューヨーク株式取引所の理事長その他とともに、その公聴会に招かれたが、彼は、25年前の歴史を引き合いに出して委員会に対して注意を喚起しながら、投機の暴走を避けるために「証拠金」（株を買うときの頭金）の率を大幅に引き上げることを勧告した。ところが、彼が証言しているまさにそのとき、株価がかなり下落したのだ。その後の一連の出来事は、ガルブレイスにとって笑うに笑えないほどの顚末だが、興味深いだけに引用しておく。

「これに続く数日間の反応はきびしかった。毎朝、私の発言を非難する手紙の山が郵便配達によって届けられた。最も極端な手紙は、その後のCIAの言によれば、殺してやるという脅しであり、最も穏かな手紙でさえ、ばちが当たって死んでしまうようお祈りをしていますというものであった。その数日後に、私はスキーの事故で脚の骨を折ってしまった。私がギブスをつけているのを見た記者がこれを報道した。そこで

投機家たちから、祈りが通じたという手紙が押し寄せた。私は、ささやかながら宗教のために何がしかしたことになったわけだ。私は、若者の教育のために、こうした手紙のうち最も痛烈なものをハーヴァード大学のセミナーの教室に貼り出したものである。やがて市場は落着きをとりもどし、私の所に来る手紙も正常な状態に戻ることになった。」（『バブルの物語』邦訳、26～27ページ）

だが、ガルブレイスは、以後も株式市場の過熱し過ぎに対する警戒を緩めなかった。1986年の秋も、企業乗っ取り、LBO（レバレッジド・バイアウト）、合併・買収熱など投機的な動きが活発になっているのを危惧しながら、『ニューヨーク・タイムズ』紙に「崩壊は避けられない」という趣旨の文章を渡した。ところが、あの一流紙が、人々を不安に陥れかねないと掲載を断ってきたのである。その文章は、しばらくして、1987年初めに『アトランティック』誌にほとんどそのままの形で掲載されたが、当初はそれほど注目もされなかった。しかし、それを発表した数か月後、なんとブラック・マンデー（1987年10月19日の世界的株価大暴落）が起こり、ガルブレイスにはたちまち世界中のマスコミからの取材が殺到するようになった。そんなことを思い出しながら、彼は断定的に次のようにいっている。

「陶酔的熱病のエピソードは、それに参加している人々の意思によって、彼らを富ましている状況を正当化するために、守られ、支えられる。また、それに対して疑いを表明する人を無視し、厄介払いし、非難する意思によっても、同様に防衛されている。」(『バブルの物語』邦訳、29ページ)

ガルブレイスの歴史家としての側面

ガルブレイスは歴史家と呼ばれることもあるように、欧米の資本主義の歴史には詳しい。その方面での読書も相当な量に達していたはずだが、彼がバブルの歴史から引き出してきた「投機に共通する要因」は、なかなか示唆に富んでいる(『バブルの物語』邦訳、32~37ページ参照)。

第一は、「金融に関する記憶は極度に短い」ということである。資本主義の歴史には何度もバブルの発生と崩壊が記録されているが、「喉元通れば熱さ忘れる」で、新しい金融商品が登場するたびに人々はそれに飛びついて、また悲惨な目に遭うという歴史を繰り返している。

第二は、「金と知性とが一見密接に結びついているかのように思われている」ことである。資本主義の世界でお金をたくさんもっているということは、成功者の証であり、成功者は優れた知性の持ち主だと信じられている。だが、それは真理ではないどころか、単なる幻想に過ぎない。

第三は、大きな金融機関のトップの座にいる人たちは、「並々ならぬ知性の持ち主」に違いないという思い込みである。だが、大きな金融機関も官僚組織と同じで、「最も言動に安心感」のある人がトップになる傾向があり、とくに優れた知性と結びついているわけではない。しかも、お金を貸す立場にある人は、その借り手よりも昔からの習慣や伝統によって相応の敬意を払われる傾向があるので、そのことも金融機関のトップが優れた知性の持ち主だという幻想の形成に与っているという。

ガルブレイスは、以上のように「投機に共通する要因」を指摘したあと、すべては株式市場が大暴落するや化けの皮が剝がれてしまうと、皮肉を込めて次のようにいっている。

「投機が崩壊した後になって初めて真相が露わになる。類まれな機敏さであると考えられていたものは、実は偶然かつ不幸にも資産を動かしていただけのことであると判明する。史上多年にわたって言えることであるが、このように見損なわれた人――彼らが自分自身を見損なっていたことも通例であるが――のなれの果ては、非難の的となったあげく、恥辱を受け、または隠遁生活に沈むことである。あるいはまた、追放されたり、自殺したりする。また近年では、多少は居心地の悪い刑務所へ入ることもある。『崩壊の前には金融の天才がいる』という一般論がここで繰り返し見られるのだ。」(『バブルの物語』邦訳、36～37ページ)

ガルブレイスは、17世紀オランダのチューリップ狂騒曲、18世紀のサウスシー・バブル、1929年の大恐慌など、バブルの隆盛と崩壊がもたらした興味深い物語を語っていく。金融上の操作には新奇なものはなく、ほとんど旧来のやり方を新式のように見せかけたものに過ぎないはずなのに、金融上の記憶が短いのに助けられて、次から次へと新しい金融商品が出るたびに人々がそれに熱狂してしまうのを何度も聞かされるのは、さすがに気が滅入るものだ。だが、ガルブレイスは、バブルの狂騒曲を描くことによって、あえて人間の「愚かさ」を正直に語っているのではないだろうか。

ここでいう「金融上の操作」とは、なんらかの「てこ」（レバレッジ）のことである。非常に乱暴にいえば、他人のお金を使って自分がお金儲けをすることだが、さすがに「てこ」の発見や再発見というだけでは足りないので、ガルブレイスは、金融のことをほとんど知らない人にもわかるように説明している。

「金融界というのは、新しい金融の手段――それがより不安定な形をとるケースも少なくない――が何度も何度も発明されるのを歓迎するものだ。あらゆる金融上の革新は、何らかの形で現実の資産によって多かれ少なかれ裏づけられた負債の創造を含んでいる。このことは、最も初期における一見驚異と思われたものの一つについて言えることである。すなわち、銀行はその金庫に置いてある現金の預金の量以上の銀行券を印刷して借り手に対して発行することができる、という発見がなされたことである。すべての預金者が一時にやって来てその金《かね》を請求することはないであろう、と考えられたわけである。一定量の現金を『てこ』として創造される負債の額には限度がないように一見思われる。これはすばらしいことである。しかし、人々に不安を与えるような何らかのニュース――この『てこ』の大きさそれ自体を含む――のために、当初の預金者のうちあまりに多くの人が同時に金《かね》を引き出そうとしたとき、この限度が明らかになった。それ以降のあらゆる金融上の革新は、もっと限定された資産を『てこ』とした同様の負債創造を含むものであったが、それは初期のやり方を変えただけのことであるにすぎない。これまでのあらゆる危機は、基礎となる支払手段に対して負債が危険なほど多すぎるようになったことに関係するものであった。」(『バブルの物語』邦訳、39~40ページ)

現代の資本主義に巣食う金融不安定性

ガルブレイスの『バブルの物語』は、基本的に歴史書として書かれているわけだが、理論家が読んでもときに重要な指摘がある。それは、「絶対に確実なことは、この投機の世界はささやきによってではなく大音響によって終末を迎える」ということである(『バブルの物語』邦訳、116ページ)。この文章を、「金融不安定性仮説」で有名なアメリカのポスト・ケインジアン、ハイマン・H・ミンスキー(1919~96年)が読んだなら、まさに「ミンスキー・モーメント」だというだろう。

ポスト・ケインジアンはアメリカでは異端派の烙印を押されているが、ミンスキーは、早い時期から、現代資本主義は金融不安定性という病魔に侵されており、ときに「ミンスキー・モーメント」と呼ばれる金融危機を発生させると主張していた（彼の主張については、『投資と金融――資本主義経済の不安定性』岩佐代市訳、日本経済評論社、1988年を参照）。

ミンスキー理論の大要は、決して難解ではない。資金の借り手としての企業の金融ポジションに注目し、企業の金融債務から生じる元本の返済プラス利子の支払い（「金融債務のキャッシュ・フロー」）と、企業の生産活動から生じると期待されるキャッシュ・フローを比較しながら、後者が前者より大きいとみなされるかどうかに応じて、健全性の順に三つを区別できるという。第一は「ヘッジ金融」（通常のキャッシュ・フローで元本の返済と利子の支払いができる資金繰り）、第二は「投機的金融」（元本の返済は無理だが、利子は支払える資金繰り）、そして第三は「ポンツィ金融」（利子さえも支払えない資金繰り）である。この理論によれば、好況から不況の波は、企業の金融ポジションが「ヘッジ金融」から「投機的金融」を経て「ポンツィ金融」へと移行する過程に対応し、ついには、「ミンスキー・モーメント」という金融危機が発生することになる。この場合も、「ミンスキー・モーメント」は、ガルブレイスの言葉を借りれば、「大音響」によって生じるのである。

ミンスキーは、リーマンショック（2008年9月）の直後、にわかに再評価され、一流経済誌にも「ミンスキー・モーメント」という言葉が出てくるようになったのだが、あれから12年ほどの時間が経過してみると、学界や論壇への影響力はやはり一時的なものであったといわざるを得ない。異端の学説の記憶も短いのだ。

バブルへの矯正策としての懐疑主義

ところで、かねてから日本にも関心のあったガルブレイスは、1990年代のバブルの崩壊にもページを割いている。彼は、慎み深いと思っていた日本人も、西欧人と同じようにバブル狂騒曲に翻弄されたことをやや残念そうに書いている。

「しかし日本でも、楽観ムードと過ちがあったのだ。東京の株式市場は、不確実な動きをしていた後、1990年には長期にわたる不況へと突入した。普通におこなわれている計算によると、株式の時価総額の約半分が失われた。これは他に前例を見ない大きな下落であった。1929年のニューヨークにおけると同様に、大金融機関の株価維持の役割は妄想にすぎなかった。より安泰でない立場にあった中小の機関は、それまでは市場の動きに便乗していたのであるが、彼らがその保有資産を取り崩したり、またはそうせざるをえないようになると、それが株価の下落に力を添えた。本書を書いている今の時点では、政府の役割は必ずしも明らかでない。政府部内に、規制および株価支持をめぐって、意見の鋭い相違があったことは明らかである。おそらく、投機の時代は、先のニューヨークにおけるよりも東京における方が、より穏かな形で終わった、と言ってよいのかもしれない。日本人のムードがアメリカ人のそれよりも興奮する度合が小さい、ということも依然として事実である。しかしながら、日本の証券市場を見るとき、投機の衝動およびその結果はアメリカと同じだと結論せざるをえない。日本でも金融の天才がいたし、また天才は暴落の前にいたのである。」（『バブルの物語』邦訳、140ページ）

ガルブレイスは、若い頃に書いた『大暴落１９２９』以来、バブルの隆盛と崩壊の歴史を何度も観察してきた。その彼が書いたバブルの歴史に説得力があるのは当然である。だが、資本主義である限り、バブルの発生、そして、その後の崩壊は避けられない。それゆえ、ガルブレイスは、バブル狂騒曲から身を守るには、現実から一歩ひいて「高度の懐疑主義」を指針にする以外にないと結論づけている。なるほど、これはあまりかわり映えのしない提言かもしれないが、バブルに参加している人々がその最中に味わう「陶酔感」は麻薬のようなものであり、それには近づかないほうがよいという長年の観察から引き出された賢明な指針のように思われる。

「現実には、唯一の矯正策は高度の懐疑主義である。すなわち、あまりに明白な楽観ムードがあれば、それはおそらく愚かさの表れだと決めてかかるほどの懐疑主義、そしてまた、巨額な金《かね》の取得・利用・管理は知性とは無関係であると考えるほどの懐疑主義である。ここで、個人投資家ならびに――言うまでもないが――年金基金その他の機関のファンド・マネージャーが指針とすべき絶対確実な準則の一つを示すこととしたい。すなわち、金《かね》と密接にかかわっている人たちは、ひとりよがりな行動や、ひどく過ちに陥りやすい行動をすることがありうる、さらにはそういう行動をしがちである、ということである。この準則を本書全体の教訓ともしておきたい。」（『バブルの物語』邦訳、154～155ページ）

終章　甦るガルブレイス

新型コロナウイルスが一変させた論壇の状況

ガルブレイスの死から14年ほどの時間が経過した現在（2020年）、世界は、スペイン風邪以来、つまり100年に一度という新型コロナウイルス感染症に喘ぎ続けている。世界中の製薬会社や研究機関がワクチンや治療薬の開発を進めている最中だが、いまだ決定打がなく、当分はコロナ禍が続くという前提でものを考えなければならなくなった。

コロナ禍に見舞われるまでは、新自由主義からさらにラディカルなリバタリアニズム（「自由至上主義」とか「自由尊重主義」と訳されることもある）が登場する一方で、トマ・ピケティが『21世紀の資本』で明らかにしたような経済格差の問題に再び焦点が当てられるようになり、久しぶりに経済論壇でも真っ当な論争が展開されつつあった。だが、コロナ禍は、一瞬にして世界の論壇の様相を変えてしまったように思われる。

リバタリアニズムは多様な立場があるので一括りにしにくいのだが（例えば、渡辺靖『リバタリアニズム：アメリカを揺るがす自由至上主義』中公新書、2019年）、経済思想史の流れからみれば、リバタリアニズムの代表の一人は、『自由の倫理学　リバタリアニズムの理論体系』（原著は1982年刊行。森村進ほか訳、勁草書房、2003年）を書いたマリー・ロスバード（1926～95年）だろう。彼は、オーストリア学派の流れを汲む経済学者で反社会主義の立場で有名だった、ルートヴィヒ・フォン・ミーゼス（1881～1973年）の影響を強く受けているので、経済学者がイメージしやすい。だが、ロスバードは、ミーゼスよりもさらにラディカルである。

ロスバードは、「財産権に対する権原の交換」としての自由市場という視点から、「『純粋自由』の社会」としての「リバタリアン社会」を一貫して擁護している。なぜなら、その社会では、「いかなる所有権原も『分配』されない」からである（『自由の倫理学』邦訳、49ページ参照）。

ロスバードの用語法は徹底しているので、注意が必要である。例えば、私たちは、「言論の自由」という権利をもっているのではなく、ホールを借りて入場者に対して演説をする権利をもっているというのが正しい。同じように、「報道の自由」という権利も、それをもっているのではなく、パンフレットを書いてそれを発行し、購入したい人たちに売る権利をもっているというのが正しいという。ということは、具体的なケースにおいて、財産権を超えた「言論の自由」や「報道の自由」の権利をもっているのではないということだ。

ロスバードの思考法は、「所有権のありか」さえ明確に定めてあれば、政府による介入は一切不要であるという主張へとつながる。彼は次のようなほとんど無政府主義に近いような主張をしている。

「リバタリアン社会におけるように、もし道路が個人や会社によって所有されていたら、こうした問題のすべては生じないだろう、ということは注目されるべきである。というのは、それなら道路は他の私有財産と同様に、集会の目的で個人や団体に貸し出されたり寄付されたりできるからである。完全なリバタリアン社会においては、ある者が誰か他の者の道路に対して持つ『権利』は、彼が誰か他の者の集会場を占拠する『権利』と同様、存在しない。双方のケースにおいて、唯一存在する権利は、もし所有者が同意すれば、その資源を借りるために自分の金を支払うという財産権だけである。無論、道路が政府の所有である限り、この問題と対立は解決不能のままである。なぜなら道路の政府による所有は、言論、集会、リーフレットの配布を含む、人が持つ他の財産権のすべてが、政府の所有する道路を通過し利用するという常に存在する必要――それを政府は何らかの方法で封鎖したり制限したりしようとするだろうが――によって阻害され制限される、ということを意味するからである。もし政府が道路での集会を許可すれば、それは交通を制限することになる。もし政府が交通のために集会を封鎖すれば、それは政府の道路へのアクセスの自由を封鎖することになる。どちらの場合でも、またどちらのやり方を選んだとしても、納税者の誰かの『権利』が阻害されなければならないのである。」(『自由の倫理学』邦訳、138～139ページ)

これは、ハイエクやフリードマンよりもさらにラディカルな、まさに「自由至上主義」であり、「公共目的」のためには政府の介入をためらわないガルブレイスのリベラリズムとは対極にある考え方である。リバタリアニズムはまだわが国の論壇の多数派ではないが、もしコロナ禍がなければ、もっと支持者が増えていったかもしれない。だが、先に触れた新型コロナウイルス感染症の世界的蔓延は、しばらく論壇のあり方を変えそうである。というのは、欧米でのロックダウンや、わが国での緊急事態宣言の期間中、それに耐えられる比較的恵まれた人々と、すぐに生活が困窮してしまう人々のあいだの経済格差が浮き彫りにされたからである。これはピケティでさえ予想できなかった事態であり、彼が問題にしてきた経済格差の上に別の意味での経済格差が上塗りになったようなものである。

コロナ禍にガルブレイスがとったであろう態度

もっとも、ガルブレイスなら、ピケティが提案したような世界的規模での累進資本税を支持したことは容易に想像できるし、ロックダウンや緊急事態宣言の下で損失を被った業種に従事していた人々への財政支援を打ち出したに違いない。ガルブレイスは、1930年代の大恐慌の経験から、不況対策としての金融政策にはほとんど期待をしてこなかったので、財政主導で危機を乗り越える提案には反対はしなかったはずである。逆にいえば、中央銀行による量的緩和やインフレターゲットの達成に通じる不況対策には、少しも賛意を表さなかっただろう。

では、いま流行のMMT（Modern Monetary Theory）についてはどうかといえば、彼はそれをみても少しも驚きはしなかったと思う。日本では、やや保守派によるMMTの支持者の声のほうが大きいようにも思えるのだが、MMTはアメリカのポスト・ケインズ派から枝分かれした理論の一つで、ポスト・ケインズ派を支援してきたガルブレイスとも無縁というわけではない。だが、自国通貨建てで政府債務が増加してもそのままデフォルトにはならないという主張まではよいとしても、将来インフレ率の昂進につながりかねないので、どこで歯止めをかけるべきかも同時に慎重に検討する必要性を訴えたのではないだろうか。MMTでさえそれは考えているという反論もあるだろうが、政府債務は問題ではないというメッセージのみが表面に出て、細部までが一般の人たちにもよく伝わっていない嫌いがあるように思われる。

繰り返しになるが、目下のコロナ禍がいつ終息するのか、誰にも予想できない。もし危機において本質が現れるというのなら、政府が責任をもってあらわになった経済格差をまず是正する対策を講じ、数年は続くと予想される感染症による国民の健康被害を最小化するために、ワクチンや治療薬の開発を国際機関とも連携しながら進めていくべきだろう。これがガルブレイス流の解決法に違いない。ただ、初期から環境問題への関心をもち続けてきたガルブレイスなら、そもそも、人間による自然環境の破壊こそが新型ウイルスや気象異常などの発生の大元の原因であり、それを反省することなしに人類が目下の危機を克服するのは難しいと付け加えるのではないだろうか。長いあいだ、ガルブレイスを読んできたので、それが現代の読者に語りかけたいメッセージであることは間違いあるまい。

あとがき

はじめに書いたように、編集部に執筆を依頼されたとき、私にはガルブレイスと名のついた本をさらに書くつもりはなかった。２０２０年がシュンペーター没後70年に当たっていたこともあり、この年はシュンペーターに専念すべきであるように思えたからだ。

だが、２０２０年に入ってまもなく、世界中がコロナ禍（新型コロナウイルス感染症のパンデミック）に見舞われるようになり、私も少しずつ考えが変わってきた。シュンペーターは別の本を書くとして（２０２１年１月、白水社より『英語原典で読むシュンペーター』が刊行）、『ゆたかな社会』の頃から環境問題への関心を死にいたるまでもち続け、すべての経済問題を市場メカニズムに委ねようとする極端な市場原理主義に警鐘を鳴らしてきたガルブレイスをもう一度、論じてみる気になった。なぜなら、本書の最後に書いたように、人間による自然の破壊こそが環境破壊や新型ウイルスの出現の原因であり、その反省なくして、コロナ後の世界を無事に生きていくことはとうていできないからだ。

ガルブレイスは名文家であった。経済学者で彼ほどの名文を書く人は、あと数名しか思い浮かばない（二人だけ挙げると、デニス・H・ロバートソンとライオネル・ロビンズである）。読者には気に入った引用があったなら、ぜひ英語原典を読んでほしいと思っているくらいだが、彼の英文はウィットや風刺や皮肉を含んだ、かなり手の込んだものなので、誤解を招く恐れもある。彼の「文章経済学」を嫌う経済理論家が少なくないのも事実である。

だがガルブレイスの学説に批判的な人たちにも、彼がリベラル派の情熱をもちながらも、冷静な歴史家としての眼を失わなかった教養人であったことを知ってもらいたかった。アルフレッド・マーシャル以来、経済学には「クールヘッド、ウォームハート」（冷静な頭脳と温かい心）という言葉が浸透してきたが、それを本当に実践している経済学者は稀である。本書を通じて、読者にそのことが伝われば、著者としては望外の幸せである。

2021年1月　根井雅弘

根井《ねい》雅弘《まさひろ》

経済学者。京都大学大学院経済学研究科教授。一九六二年、宮崎県生まれ。早稲田大学政治経済学部経済学科卒業。京都大学大学院経済学研究科博士課程修了（経済学博士）。専門は現代経済思想史。『ケインズを読み直す』（白水社）、『経済を読む ケネーからピケティまで』（日本経済評論社）、『20世紀をつくった経済学』（ちくまプリマー新書）、『現代経済思想史講義』（人文書院）、『資本主義はいかに衰退するのか』（NHK出版）、『英語原典で読むシュンペーター』（白水社）など著書多数。

今《いま》こそ読《よ》みたいガルブレイス

二〇二一年二月一〇日 第一刷発行

インターナショナル新書〇六六

著者 根井《ねい》雅弘《まさひろ》

発行者 岩瀬 朗

発行所 株式会社 集英社インターナショナル
〒一〇一-〇〇六四 東京都千代田区神田猿楽町一-五-一八
電話 〇三-五二一一-二六三〇

発売所 株式会社 集英社
〒一〇一-八〇五〇 東京都千代田区一ツ橋二-五-一〇
電話 〇三-三二三〇-六〇八〇(読者係)
〇三-三二三〇-六三九三(販売部)書店専用

装幀 アルビレオ

印刷所 大日本印刷株式会社

製本所 加藤製本株式会社

 ISBN978-4-7976-8066-9 C0233

インターナショナル新書

064

明治十四年の政変

久保田 哲

知っていそうで知らない歴史の巨大転換点。維新の三傑亡き後、「国家のかたち」(立憲君主制、国会開設、憲法制定、金融制度など)を決定づけた〝複雑怪奇な政変〟を、気鋭の政治史学者が鮮やかに読み解く!

065

熊楠と幽霊

志村真幸

熊野の山中で幽体離脱をしたり、夢で父親から助言を得たり、奇妙な体験を繰り返していた南方熊楠。日記や論考に残る世界各地の妖怪や幽霊についての文章などから、心霊現象に対する熊楠独自の見解を探る。

067

物理学者のすごい思考法

橋本幸士

超ひも理論、素粒子論という物理学の最先端を研究する学者は、日常生活でも独特の視点でものを考える。通勤の最適ルート、ギョーザの適切な作り方、エスカレーターの乗り方……。物理学の本質に迫るエッセイ集。

068

「腸内細菌」が健康寿命を決める

辨野義己

腸内細菌の研究にはウンチの入手と分析が欠かせない。約半世紀にわたってウンチと格闘し続けてきた著者の爆笑研究秘話とともに、腸内細菌と健康の関係や最新の研究結果が理解できるオモシロウンチエッセイ!